말이 바뀌면 삶이 바뀐다

– 듣기 · 말하기 능력 향상을 위한 화법 전략 –

권순희 · 김윤정 · 이창덕
전정미 · 최영인

교육과학사

머리말

말은 어디에서부터 오는 것일까? 생물학적으로는 발성 기관을 통해 말이 나오고 청각 기관을 통해 말이 받아들여지게 된다. 그런데, 입으로 말하기뿐 아니라 비유적인 표현으로 머리로 말하기, 가슴으로 말하기, 배로 말하기 등을 생각해 볼 수 있다. 또한 귀로 듣기, 머리로 듣기, 가슴으로 듣기, 배로 듣기를 생각해 볼 수 있다. 머리는 이성을, 가슴은 따뜻한 마음 및 감성을, 배는 감정 및 욕망을 비유적으로 표현한 것이다.

입, 귀, 머리, 가슴, 배 등으로 대변되는 화법 방식에서 우리는 그동안 이성에 초점이 맞춰져 따뜻한 마음으로 말하고 듣는 것, 우리의 욕구나 필요를 표현하고 이해하는 것에 둔감했다.

정체성이 화법을 통해 드러난다는 것을 이해하면서도 개인적 정체성과 사회적 정체성의 상관관계는 그동안 개인의 문제로 맡겨졌다. 또한 대인 관계적 화법, 사회 관계적 화법보다는 사적 말하기, 공적 말하기 등의 이분법에 초점을 두어 교육이 이루어져 왔다. 화법에서 다루는 시간의 개념 역시 공시태에 초점을 두어 왔다. 예를 들면 공감 화법은 논의하면서도 통시태를 강조한 기억적 공감 화법은 논의하지 않았던 것이다. 이성과 감성, 감정의 조화, 나의 정체성과 관계 정체성의 조화, 화법의 계승과 창조를 통해 다양성과 공공성을 인정하는 화법에 대한 실천은 우리 사회를 아름답게 가꾸는 데 도움을 줄 것이다.

개인의 재능과 인격을 살리는 화법, 관계를 살리는 화법, 사회 조직을 살리는 화법을 통해 우리의 삶을 변화시킬 수 있다는 염원을 담아 이 책을 구성하게 되었다. 그래서 책의 제목도 '말이 바뀌면 삶이 바뀐다'로 정했으며, 마음을 나누는 가족 대화, 살맛 나는 직장 대화, 감동을 주는 프레젠테이션, 비밀을 담은 비언어적 의사소통, 관계를 살리는 언어 예절, 삶에 힘을 주는 말 한마디, 한국인의 삶이 보이는 한국어 등으로 단원을 구성하였다. 이 책은 2014년도 국립국어원에서 시행한 '화법 능력 향상을 위한 공무원 특별 과정 교재'로 사용된 바 있다.

이 책이 나오기까지 수고해 주신 교육과학사 직원 여러분께 감사드린다. 어려운 환경 속에서도 여러 차례 회의를 마다하지 않고 이화 교정으로 찾아와 주시고 내용을 풍성하게 하기 위해 수고해 주신 저자분께 감사를 드린다. 저자들의 수고와 노력이 우리나라 언어문화 개선 운동에 기여하기를 기원한다.

2015년 5월 21일

저자

차 례

제1장

한국 사회의 말 문화

1. 말 문화 차이로 문제가 되는 상황
2. 한국 사회의 말 문화
3. 한국 말 문화 되새기기

제1장 한국 사회의 말 문화

항상 빛과 함께 생활하면서도 막상 빛이 무엇이냐고 물으면 대부분의 사람들이 제대로 설명하기 어렵듯이 한국어의 특성이 무엇이고 한국인의 말 문화가 어떠한가 물으면 한국 사람이라도 이를 간명하게 설명하기가 쉽지 않다. 각 사람은 자기 생각과 느낌을 주관적으로 자신의 마음대로 표현한다고 할 수 있지만, 역사적 · 사회문화적 측면에서 보면 개인의 의사소통 과정의 언어 표현과 이해는 전적으로 개인의 지식과 판단에 의해서만 이루어지는 것이 아니다. 한 공동체에 속한 사람은 말을 할 때 그를 둘러싸고 있는 사회적 맥락, 즉 각자의 역사 문화적 환경의 영향을 받을 수밖에 없다. 한국의 역사와 문화를 잘 모르면 한국어를 제대로 사용할 수 없고, 한국인의 말 문화를 잘 모르면 의사소통 상황에서 효율이 떨어지거나 실수를 하거나 오해하기 십상이다.

한국어가 오랫동안 한자 문화의 영향 아래 있다가 20세기말부터 세계화, 정보화 시대로 접어들면서 영어 등 서구 문화의 영향을 크게 받게 되고, 외국인의 유입이 늘어나고 다문화 가정이 증가하면서 이제 한국어는 새로운 국면을 맞고 있다. 이즈음에 실제 한국어 표현을 중심으로 한국인의 말 문화를 살펴보고, 그 특성에 맞추어 한국어답게 말하는 것이 어떤 것인지, 현재의 우리 말 문화가 가진 문제점을 진단하고 나아갈 바람직한 방향에 대해 생각해 보기로 한다.

1. 말 문화 차이로 문제가 되는 상황

상황 1

"아니에요, 됐어요."

어느 날 옆집에 사시는 시어머니 친구 분이 저희 집에 오셨습니다. 시어머니께서 잠시 자리를 비우셔서 그 친구 분은 거실에서 기다리고 계셨습니다. 저희 집에 오신 손님이니까 차라도 한잔 대접해야 되겠다고 생각해서 "차 한잔 드릴까요?"라고 물어보았습니다. 그런데 그분은 "아니에요, 됐어요."라고 말씀하셨습니다. 그래서 그냥 시어머니가 돌아오실 때까지 기다리고 있었습니다.

그런데, 그 시어머니 친구 분은 나중에 다른 분들한테 "그 집에 갔더니 외국인 며느리가 뭘 줄까하고 물어보더니 아무 것도 안 주더라."하고 외국인 며느리가 인정이 없다고 말씀하셨다고 합니다. 저는 요즘 알게 되었습니다. 한국에서는 다른 사람이 도와주겠다고 할 때 미안하니까 예의로 한두 번은 거절한다는 것을 알았습니다. 그래서 다음부터는 손님이 오시면 손님이 "됐다, 괜찮다, 먹었다."하고 거절을 하더라도 세 번 정도는 권하고, 가능하면 무조건 대접하는 것이 좋겠다고 생각하게 되었습니다.

박인기, 박창균, 〈한국인의 말, 한국인의 문화〉, 85쪽

질문: 위의 상황에서 외국인 며느리와 시어머니 친구 사이에 의사소통의 문제를 일으킨 문화 차이가 무엇인지 정리하고, 다문화 사회에 접어든 한국 사회에서 이런 상황에서 바람직한 의사소통 방법은 무엇인지 토의해 보자.

상황 2

"쏘리"라니?

요즘 학교에서 영어교육을 강조하고 신문, 방송 등에서 영어 표현을 자주 쓰기 때문인지는 모르겠지만 젊은 사람들이 일상에서 어른들에게 우리말 예절을 갖춘 우리 말 높임 표현을 사용하지 않고 영어를 사용하는 경우가 종종 있어 당혹스럽기도 하고 우리말이 홀대 받는 느낌이 들어 기분이 좋지 않을 때가 있다.

얼마 전 탁구를 배우기 위해서 아파트 단지 안에 있는 탁구장에서 레슨을 받고 있을 때였다. 레슨 후 연습 게임을 하는데 방학 중이어서 중고등 학생들도 많이 와서 탁구를 치고 있었다. 난 특별히 게임할 사람이 없어 중학생들과 어울려 복식 게임을 하고 있는데 게임을 하다가 공을 전달하는 학생이 잘못 쳐서 공이 멀리 굴러가게 되었다. 그때 그 학생이 나한테 "쏘-리!"라고 하는 것이었다. 아들 또래의 어린 학생이 나한테 "미안합니다."라고 하지 않고 쏘리라고 하는 모습을 보니 적잖이 당황스러웠다. 그렇다고 그 자리에서 잘못을 지적하거나 화를 낼 수도 없어 그냥 넘어갔지만 시간이 지난 지금도 씁쓸한 기분은 어쩔 수 없다. '쏘리' 뿐만 아니라 '땡큐'도 마찬가지다. 정말로 감사하다는 표시를 해야 할 상황에서 '고맙습니다', '시간 내주셔서 감사합니다.' 식으로 말하지 않고 '땡큐', '땡큐 베리 머치'를 말한다. 이 말을 듣게 되면 상대가 건방져 보이고 기분이 언짢아지는 것을 금할 수 없다.

질문: 나이가 많은 사람에게 반드시 '고맙습니다', '미안합니다'와 같은 아주 높임 존대어를 사용해야 하고, '고마워요', '미안해요'라고 하거나 영어로 '쏘리', '땡큐'라고 하면 안 된다고 학생들에게 가르쳐야 하는가, 평등사회로 가는 과정이니까 용인해야 하는가, 또 어느 정도 나이나 직위 차이가 있으면 아주높임을 사용해야 하는지 토의해 보자.

2. 한국 사회의 말 문화

1) 가족과 공동체 중심 말 문화

'문화(文化, culture)'란 사전적 정의로는 '인간 사회가 자연 상태에서 벗어나 일정한 목적 또는 생활 이상을 실현하려는 활동의 과정 및 그 과정에서 이룩해 낸 물질적 · 정신적 소산의 총칭'을 말한다. 한 사회 공동체 구성원들이 함께 살면서 형성한 유산, 공통의 생각, 느낌, 잠재적 행동 양식 등을 일컫는다. 한 사회의 문화는 다양한 면이 있지만 많은 부분이 언어문화와 관련이 있고, 또 언어로 변환이 가능하다는 점에서 문화 전반에서 언어문화만을 특별히 구분해서 말하기는 쉽지 않다.

예로부터 한국 사회 특징을 말할 때, '동방예의지국'이라고 해서 예절을 중시하고, 농경 사회의 가족 중심의 공동체 의식이 강하다는 점을 들었다. 오랜 역사에서 대부분 농사를 짓고 정착해서 살면서 씨족 공동체를 이루고, 두레 등을 중심으로 협동 작업을 하면서 가족 공동체를 강조하고, 개인보다는 집단을 우선하는 문화가 생겨났다. 객관적 합리성보다는 친밀감과 유대감을 중시하는 사회 풍조 속에서 서로의 안부를 묻고, 서구 사회에서는 금기시하는 개인적인 질문까지도 스스럼없이 하는 문화를 형성해 왔다. 한 문화학자가 '한국 사회에서는 정직하지 않아도 살아남을 수 있지만, 인정머리 없다는 소리를 듣고는 살아남을 수 없다.'는 우스갯소리를 한 적이 있다. 이는 우리 사회에 객관적 공평과 정의보다 주관적 인정과 의리를 더 중시하는 문화가 형성되어 있다는 의미이다.

농경 사회에서 대가족을 이루고 씨족을 중심으로 뭉쳐 살면서, 유교적 가치를 숭배하면서 살다보니 서열과 친교, 상호간의 유대를 강조하고, 개인보다는 공동체를 우선시하는 문화를 형성했다. 달리 말해 '나보다는 우리'를 강조하는 가치를 형성했고, 말 문화 또한 그렇게 바뀌게 되었다.

가족과 공동체를 우선하는 유교 문화에 따른 말 문화 특성을 몇 가지 정리해 보면 다음과 같다. 첫째, '나'라고 말하기보다 '우리'라고 말하는 것을 선호한다. 한국 사람들은 분명히 '나', '내가', '나의', '나에게'라고 해야 할 상황에서 '우리'를 사용한다. '우리'는 1인칭 복수 대명사로서 '나'와 '너'를 포함한 의미이다. '말하는 사람이 자기와 듣는 사람, 또는 자기와 듣는 사람을 포함한 여러 사람을 가리키는 일인칭 대명사'가 '우리'인데, 실제 담화 상황에서 우리는 '나(말하는 사람)'와 '너(듣는 사람)'를 포함한 의미로 사용하는 것이 아니라 '나의 가족, 나의 학교, 나의 조국' 등의 의미로 사용하여 오히려 듣는 사람을 제외하는 배타적 의미로 사용하는 경우가 많다. 한국 사람만 자신의 조국을 '우리나라'라고 다른 외국 사람에게 말한다고 한다. '나의 아빠/엄마, 나의 집, 나의 학교, 나의 나라'라고 말해야 하는 것을 '우리 아빠/엄마, 우리 집, 우리 학교, 우리나라'라고 한다.

> 외국인: 나의 어머니는 한국 사람이고, 나의 아버지는 독일 사람입니다.
> 한국인: 한국말 할 때는 '나의 어머니'라고 하지 않고, '우리 어머니'라고 해야 돼요.
> 외국인: 나 외동아들인데 왜 우리 어머니라고 해야 됩니까?

이규태(1983)의 「한국인의 의식구조1」에서는 이런 현상을 '전통 씨족 사회 풍속에서 '나'가 '우리' 속에 매몰되어 있는 것'이라고 보았다. 밥을 먹을 때도 국과 밥을 제외하고는 모두 공동으로 먹고, 잠을 잘 때도 침대를 따로따로 사용하는 것이 아니라 한 이불 속에 모두 발 뻗고 자는 문화라는 것이다. 거기서 내 것, 내 자리, 내 몫을 강조하다가는 살아남을 수가 없는 것이다. 이런 집단 지향성은 모르는 사람을 처음 만나도 먼저 공통점을 찾고, 그것을 바탕으로 관계 유대를 강조하고, 동질감을 경험하고 개인은 동질화된 집단에 의존하면서 함몰된다는 것이다. 이런 문화는 항상 다른 사람을 나와 관련시켜 배려하고 인정이 넘치는 사회를 만드는 장점도 있지만 다른 한편으로는 지나치게 타인의 삶에 간섭하거나 개인의 독립성을 저해하는 요인이 되기도 하고, '우리' 안에 포함되지 않는 사람들을 향한 배타성을 두드러지게 하는 문제점으로 드러나기도 한다. 한국 사회 발전에 가장 큰 걸림돌의 하나로 혈연, 학연, 지연에 얽힌 '우리가 남이가?'하는 의식 때문에 공평과 정의가 실현되기 어렵다는 점을 인식할 필요가 있다.

둘째, 대가족 중심으로 형성된 가족은 유교 문화 속에서 엄격한 상하관계를 강조하고, 말할 때도 누가 높은가를 먼저 생각하게 만든다. 이런 문화는 나이 든 사람을 존중하고, 윗사람 앞에서 자신의 분수를 지켜 공손과 겸양을 유지하게 하는 장점이 있지만, 한편으로는 윗사람의 눈치를 보고 아랫사람을 무시하는 문제점을 드러내기도 한다. 높임을 드러내는 다양한 어휘가 발달되어 있고, 높임을 나타내는 선어말어미 '-시-'가 있고 듣는 사람에 따라 달라지는 문장 종결법의 다양한 형태가 있다. 한국어 동사 활용어미 중에서 어간 다음에 가장 먼저 주체를 높이는 '-시-'가 오는 것은 한국어 사용에서 높임법이 얼마나 중시되는가를 보여주는 단적인 예이다. 문장의 주어를 높이고, 듣는 사람을 높이고, 또 화자와 청자의 관계를 생각해서 제삼자를 높이는 다양한 경어법 체계는 한국어를 배우는 외국인들이 한국어 문법 가운데 가장 어렵게 여기는 부분 중 하나이다. 주체 높임, 상대 높임, 객체 높임으로 분화되어 있는데다가 어느 상황에서 얼마만큼 높여야 하는지 결정하기가 쉽지 않고, 잘못하면 상대의 기분을 상하게 하기 쉽기 때문이다.

> 점원: 계산해 드리겠습니다.
> 손님: 모두 얼마지요?
> 점원: 네, 합계 사만 오천원이세요.

최근에는 존대법 사용에 혼란이 생겨 위와 같이 '합계 사만 오천원이세요.'처럼 주어가 사람이 아닌 경우에도 '-시-'를 붙이는 경우가 많아지고 있어 문제가 되고 있다. 외국인뿐만 아니라 젊은 세대와 기성세대 간에도 존대법에 대한 생각과 사용 양상이 달라지고 있는 것이다.

셋째, 가족과 공동체를 강조하면서 만남에서 일보다는 친밀감과 유대를 강조하는 특성이 있다. 한국에서는 서로 친밀하지 않더라도 금방 친해지고 싶어 하는 전통이 있다. 서구 개인주의 사회에서 보면 사생활 침해라고 할 만큼 서로의 개인 영역에 관심이 많고, 만나서는 밥을 먹었는지 확인하고, 몇 번 만나 밥자리나 술자리를 함께하고 나면 '형, 언니' 등으로 부르는 것을 자연스럽게 여기는 문화가 한국 말 문화이다. 그 부작용으로 공사의 구분이 확실하지 않고, 일처리에서 합리성이 약해지는 문제점을 드러내기도 한다.

이런 가족 공동체 중심의 사고방식은 웬만한 잘못은 묵인하고 용서해주기를 기대하는 문화를 만들었다. 잘잘못을 정확하게 따지고 가려서 벌주고 바로잡기보다는 친밀한 사이에서는 잘못이나 비리를 눈감아주거나 잘못이 드러나도 용서해주기를 기대하는 경향이 있다. 자기의 생각을 분명히 밝히고, 매사에 잘잘못을 분명히 가려서 처리하고, 인간관계에서도 사적인 일과 공적인 일을 정확히 가리는 사람은 인기가 없고 인정 없다는 말을 듣는다. 논리적이고 이지적이기보다는 인정과 의리에 호소하는 경우가 많고, 정확성과 효율성을 강조해야 할 공적 상황이 대충 얼버무리거나 '그 정도쯤이야' 하는 방식으로 바뀌어 문제를 일으키기도 한다. 시장에서 됫박으로 곡물을 살 경우에도 정확하게 무게를 달거나 자로 잰 대로 잘라서 파는 경우 단골이 생기지 않는다. 엄연히 '한 되 ○○○원', '100g ○○○원'이라고 고시해 놓고도 계량한 후에 얼마만큼은 덤을 얹어주어야 원만한 거래가 형성된다. 언어 표현의 경우에도 '두서너 개', '대충', '알아서' 등의 표현이 일상으로 쓰이고 오히려 정확한 수량은 말하지 않는 경우가 더 많다.

어떤 면으로 보면 한국 사회 안에 있는 모든 사람을 한 가족처럼 생각하고 말하고 행동하는 것으로 볼 수도 있지만 다른 한편으로는 상업적 거래나 사업 관계에서도 다른 사람보다는 자신을 더 가깝게 가족처럼 여겨 더 많은 편익을 제공해주기를 바라는 마음이 드러나는 것으로 볼 수 있다.

2) 정서와 감성 강조의 말 문화

한국 사람들이 수천 년 동안 한반도라는 좁은 지역에 정착해 살면서 서로 남이라는 의식이 약해진 때문인지 합리적 계약과 규칙, 법 등을 강조하기보다 사람들 사이의 감성적 호불호를 강조하는 경향이 강하다. 한국 사람의 가장 두드러지는 정서적 특징으로 정(情)과 한(恨)을 꼽는 사람들이 많다. 한국 문화를 소개하는 책자에도 한국인의 마음을 드러내는 개념어로 이 두 단어를 내세운다. 앞에서 동남아 출신 시댁과 이웃 할머니의 대화를 살펴본 바 있다. 다문화 가정의 며느리로 살고 있는 새댁은 시어머님의 친구인 이웃 할머니가 방문했을 때 식사 여부를 물었고, 그 할머니가 첫 마디에 식사를 했다고 대답했기 때문에 그 할머니께 식사를 더 권하지 않고 잠시 중단했던 식사를 계속했다. 그리고 그러한 행동의 결과 외국인 며느리라 역시 무엇을 모른다는 핀잔을 들었다고 고백한다. 한국에서는 상대가 배가 부르다거나 생각이 없다고 말해도 적어도 두세 번까지는 같이 먹자고 권하고, 더 먹고 싶지 않은지를 물어보아야 한다는 것을 십 년 넘게 한국 사람과 부대끼면서 생활한 후에 알게 되었다는 것이다.

첫째, 빈말로라도 호감과 호의를 표현하고 싶어 하는 문화다. '말 한마디로 천 냥 빚을 갚는다.'는 속담은 말을 별로 중시하지 않는 한국사회에서 인정 넘치는 말, 호의를 표시하는 말이 얼마나 중요한지를 잘 나타내 준다. 한국어의 표현 가운데 말하는 사람의 호감과 비호감으로 단어가 달라지는 경우가 상당히 많다. 예를 들어, '샛노랗다'와 '누리끼리하다'의 경우 그 어감만으로 표현자의 의도를 구분할 수 있고, '새콤하다'와 '시금털털하다' 또한 비슷한 맛을 가리키지만 맛에 대한 표현자의 태도가 현격히 다름을 알 수 있다.

둘째, 중요한 일처리를 앞두고도 때로는 일 자체보다 체면과 인격을 중시하는 문화다. 손해를 보더라도 체면을 지키고 싶어 한다. 체면과 자존심을 강조하다가 자기 성격을 이기지 못하고 화를 내 일처리를 합리적으로 못하게 되는 경우가 많다. 빚을 내서라도 자기 지위와 신분에 어울린다고 생각하는 물건을 사는 경우도 있다. 백화점 같은 곳에서 고객을 '사장님, 사모님'으로 부르는 것은 이런 심리를 이용한 것으로 볼 수 있다. 1980년대 불법 과외를 단속하기 위해서 벌금형 등 다양한 과외 억지 수단을 사용했지만 효과가 없을 때 불법과외 학생과 학부모 명단을 공개한다고 하자 거짓말처럼 과외가 줄어들었던 역사적 경험은 한국 사람들이 얼마나 사회적 위신과 체면을 중시하는지 단적으로 보여준다.

셋째, 정확함과 엄격함보다는 원만한 해결과 허용, 융통성을 좋아한다. 서로 아는 사이에서 좋은 감정을 유지하고 있으면 웬만한 위법은 묵인하고 허용해줘야 하는 것처럼 생각하는 사람이 아직도 많다. 운동 경기의 경우에도 공식 게임이 아니면 규칙을 엄격하게 지키지 않는 경우가 많고, '동네 게임', '친선 게임' 운운하면서 넘어간다. 시장에서 물건을 살 때도 정해진 양을 값으로 정해두어도 그 다음에 덤으로 무엇을 더 주어야 다음에 다시 사러 온다. 그런 행동 방식 혹은 사고방식이 어떤 순간에는 자신에게 불합리와 손해를 야기할 수 있다는 생각은 하지 못하고, 상대가 나에게만 특별히 더 잘해주고 특혜를 베풀기를 기대하는 심리가 은연중에 작동한다.

넷째, 법과 규칙, 정식 항의와 개선 노력보다는 자신이 당한 억울함에 대해 푸념과 변명, 험담과 비분강개로 그치는 경우가 많다. 과거보다는 상당히 개선되었지만 상하관계가 엄격하던 전통 사회에서는 연령이 어리거나 지위가 낮은 사람은 억울한 일이 있어도, 불공평한 일을 당해도 참거나, 넋두리를 하거나 혼자서 비분강개하고 마는 일이 많았다. 이런 억울함이 한(恨)이 되고 그것이 노래와 전통의 '판소리', '굿' 등이 되어 하나의 문화가 되었다. 자신이 당한 불이익과 불합리한 일을 공동체의 문제로 삼아 해결하기보다는 높은 지위의 사람에게 불이익을 당할까 두렵고, 문제 해결까지 여러 난관이 예상되면 혼자 넋두리를 하거나 억울한 일을 당한 사람끼리 모여 실컷 욕설을 퍼붓고 마는 경우가 흔하다. 사회적으로는 그런 억울함과 넋두리를 배뱅이굿과 판소리 같은 공연 문화를 통해 표출하고 해소할 수 있도록 하기도 했다.

다섯째, 상대의 감정을 상할까, 관계를 해칠까 두렵고, 상대의 체면과 자신의 체면을 생각해서 자신의 생각과 의지를 에둘러 표현하는 경우가 많다. 상황 속에서 상대가 자신의 정서를 헤아려 처리해주기를 바라는 마음에서 직접 의사표시를 하지 않거나 직접 상관이 없어 보이는 것으로 넌지시 표현하는 경우가 많았다.

시어머니: 얘야, 아범 아직 안 왔니?
며느리 1: 아직 아범 퇴근 시간 안 되었어요.
며느리 2: 어머니, 시장하시죠? 저녁 진지 먼저 차려드릴게요.

위 대화에서 시어머니의 '얘야, 아범 아직 안 왔니?'는 단순히 그 집안의 가장인 자기 아들이 퇴근했는지 안 했는지를 묻는 것이 아니라 아범이 돌아와야 저녁 식사를 할 수 있는데, 그 시간이 빨리 오기를 기다리는 마음과 며느리가 알아서 저녁 식사를 먼저 차려주기를 바라는 마음을 간접적으로 에둘러 표현한 것이다.

이런 사회적 분위기는 공적인 업무의 경우에도 상대의 상황과 기분을 헤아리고, 잘못을 지적할 경우에도 직접적 비난과 꾸중보다는 넌지시 말하고 간접적으로 그 뜻을 전달하는 것을 좋게 여기는 문화를 형성했다. 친구에게 무엇을 부탁하러 가서도 먼저 찾아온 용건을 먼저 직접 드러내 말하기보다는 다른 사적인 친밀감을 더하는 여러 이야기를 나눈 후 돌아갈 때쯤에야 '사실은 나 말이야…' 식으로 자기가 찾아온 목적을 말하는 경우가 있다. 또 그렇게 부탁하는 것을 자연스럽고 예의를 갖춘 부탁으로 생각해왔다. 만나자마자 부탁을 말하면 오히려 '나한테 돈 맡겨 놓았어?' 식으로 상대가 불쾌하게 생각할 수도 있다는 것을 염두에 두어야 한다.

3) 서열과 격식을 중시하는 말 문화

한국 사회에서 유달리 서열과 격식을 강조하는 문화가 강한 데 대하여 그 원인을 조선 시대 유교 문화와 연관시켜 설명하는 사람이 많다. 유교는 신분에 따라 사회 구성원들을 구분하고 신분의 차별을 인정한 상태에서 각 신분 간의 서열과 격식을 중시하였다. 조선 시대 지배 세력이었던 사대부 계급의 사람들은 주자(朱子)의 성리학을 바탕으로 반상, 남녀, 노소 등의 신분상의 차등을 둔 후에 서로 간에 서열과 질서를 강조함으로써 사회를 통제하려고 하였다. 그 가운데 호칭과 존비어 체계가 강화되고 그것이 언어예절의 근간을 이루게 되었다는 것이다.

> 인간은 문화 발전과 더불어 역할 분화에 따른 서열화가 진행되자, 그것을 담아내는 수단으로서 차별적 호칭체계를 발전시켜 왔다. 인간은 차별적 호칭체계로 서열을 구분하고 권력과 명예를 구분하는 까닭에 차별적 호칭체계를 다른 어떤

호칭 체계보다 중시한다. 사람들이 차별적 호칭 체계를 질서의 근간으로 받아들이는 것도 이 때문이다.

한국어와 일본어의 경우는 서열관계를 담아내기 위해서 호칭체계에 더하여 존비어 체계라는 특수한 언어 수단을 발전시켜 왔다. 한국어와 일본어는 존비어 체계로 말미암아 서열관계에 따라 문장의 전체적 구조가 달라진다. 사장과 사원처럼 서열이 다른 사람이 말을 주고받는 경우에 사원은 사장에게 "사장님께서 그렇게 말씀해 주시니 고맙습니다."라고 말하고, 사장은 사원에게 "김과장이 그렇게 말하니 고맙군."이라고 말한다. 서열관계를 나타내는데 단순 호칭체계만 가지고 있는 언어와 호칭뿐만 아니라 존비어 체계까지 가지고 있는 일본어, 한국어는 삶에서 큰 차이를 낳는다.

-최봉영, 〈한국 사회의 차별과 억압〉, 107-108쪽.

유교에서 강조하는 삼강오륜(三綱五倫)에 대해서 아름다운 예절이라 하여 칭송하기도 하지만 임금과 신하, 부모와 자식, 남편과 아내, 노인과 젊은이 사이에 엄격한 서열과 질서를 강조하는 문화를 대물림한다고 하여 비판적으로 바라보기도 한다. 이런 서로 다른 사회적 지위와 권력은 언어문화에 그대로 반영이 되었다.

3. 한국 말 문화 되새기기

1) 생각해 볼 문제

한국 사회는 전통 가부장 중심의 농경사회는 산업사회를 거쳐 정보화 사회로 접어들고, 씨족을 중심으로 한 대가족은 줄고 일인 가구가 급격히 늘어 가족 해체 단계에 접어들었다고 할 수 있다. 21세기 국어사용 환경도 사람들의 생활과 가치관 변화에 따라 변하고 있다. 한 가지로 변하는 것이 아니라 공통점을 찾기 어려울 정도로 다양화되고 과거의 것을 기준으로 내세울 수 없을 만큼 과거와 달라졌다. 다문화 가정이 급격하게 늘어나고, 가정에서도 가부장적 권위는 사라지고 자녀 중심의 생활로 인사법, 호칭, 존대법 사용도 달라지고 있다. 인터넷, 휴대전화 등 다양한 매체의 발달로 언어 사용 양상이 달라지면서 매체 사용에 따라 세대 간 언어 사용의 양상과 방식이 상당한 차이를 보이고 있다.

수천 년 동안 사용해 온 우리말이 갑작스러운 큰 변화를 겪고 있고, 사회 각 구성원의 삶이 변화하면서 개인이 접하는 공적 장면과 사적 장면의 언어 사용 목적이 달라지고 있다. 한국 언어의 특징을 잘 알고, 우리 언어문화 가운데 긍정적인 부분을 잘 배우고 지켜서 우리 사회 구성원들이 바람직한 언어문화를 향유하고, 바람직한 미래 사회를 위해서 바꾸어야 할 한국의 말 문화를 점검해 보존할 것은 보존하고 새 시대 흐름에 맞추어야 할 부분은 새로운 방향을 모색할 필요가 있다.

> 인도와 네팔 지역에서는 상대방과 인사를 나눌 때 '나마스테(Namaste)'라고 하면서 두 손을 가슴 앞에 모은다. 나마스테는 '내 안의 신이 당신 안의 신에게 경배합니다.'라는 의미라고 한다. 이 인사말의 의미를 아는 사람은 세상에서 가장 고귀한 인사라며 탄복한다. 그런데 한국 사람으로서 다른 나라 인사말에는 탄복하면서 정작 우리말의 '반갑습니다!'에 어떤 뜻이 있는지 모르는 사람이 있다면 애석한 일이다.
>
> 좋은 사람을 만날 때 한국 사람은 '반갑습니다!'라고 인사한다. '반갑습니다!'의 '반'은 어원을 살펴보면 '한'과 관련된 음가로, 이는 곧 신을 가리키는 말이었다. 그러니까 '반갑다'는 '반과 같다'는 뜻이고, 상대방에게 '반갑습니다!' 하고 인사하는 것은 '당신은 하늘의 신과 같이 크고 밝은 존재입니다.'라는 찬사를 보내는 셈이다.
>
> –이승헌, 〈우리말의 비밀〉, 72–73쪽.

최근 화법 사용 실태 조사에 따르면 아침에 일어나서 가족들 사이에 아무 말도 하지 않는다는 사람이 가장 많은데 우리의 전통 예법에 따라 '밤새 편안히 주

무셨습니까?'라고 어른에게 인사하고, '잘 잤니?'라고 아랫사람에게 인사하는 문화는 유지 발전해야 하지 않을까 한다. 인간관계를 좋게 유지하는 가장 기본적인 인사말, '안녕하십니까?, 반갑습니다, 고맙습니다, 미안합니다, 괜찮습니다'의 인사말을 일상에서 회복하는 데 우리 사회 구성원 모두의 노력이 필요하다고 본다.

2) 바람직한 한국 사회 말 문화를 위한 말 되새기기

우리말 표현 가운데 대화 상황에서 '그렇다, 뭐하다, 거시기하다'처럼 말의 뜻을 명확하게 이해하기 어려운 표현이 자주 사용되는 것을 본다. 이렇게 분명하게 구체적으로 말하지 않고 이런 말들을 사용하여 말뜻을 흐림으로써 에둘러 표현하여 상대에게 해석의 여지를 두거나 곤란한 상황을 만들지 않으려는 좋은 뜻도 있지만, 때로는 자신의 마음을 감추거나 상대방이 말뜻을 못 알아듣는 것을 즐기는 것은 올바른 태도가 아니다.

활동1. 다음 표현들을 사용한 경험을 말해보고, 말뜻을 분명하게 구체적으로 하려면 어떻게 해야 하는지, 그럴 경우 어떤 효과가 있는지 토의해 보자.

1. "오늘 기분이 좀 거시기 하니 너희들 조용조용 해라."
2. "아무 거나 시켜요!"
3. "적당한 시간에 와."
4. "대충 알아서 주세요."
5. "좀 뭐하거든 그만 두어요."

활동2. 다음 상황에서 어떻게 대처하는 것이 좋은지 토의해 보자.

회사 업무로 만난 거래처 사람이 식사를 같이 하면서, 내 후배와 아주 가까운 사이라는 것을 강조하였다. 그리고 내가 자신을 잘 도와줄 사람이라고 후배가 말했다고 전했다. 그러고 나서, 자기가 그 후배처럼 나를 '형'이라고 불러도 되겠느냐고 물었다.

❑ 참고 문헌

국립국어원(2012). 표준언어예절. 국립국어원.

박인기, 박창균(2009). 한국인의 말, 한국인의 문화. 학지사.

이규태(1983). 한국인의 의식구조1. 신원문화사.

이승헌(2013). 우리말의 비밀. 한문화.

이창덕 외(2000). 삶과 화법. 박이정.

임칠성 외(2013). 공공화법 -성공적인 사회생활을 위한 현대인의 화법-. 태학사.

정호완(1991). 우리말의 상상력. 정신세계사.

조선일보사, 국립국어원 편(1991). 우리말의 예절. 조선일보사.

최봉영(2005). 한국사회의 차별과 억압. 지식산업사.

최현섭 외(2007). 상생화용, 새로운 의사소통 탐구. 커뮤니케이션북스.

제2장

마음을 나누는 가족 대화

1. 일상적인 가정 내 대화 상황
2. 가족 대화가 어려운 이유
3. 가족 대화를 위한 준비
4. 바람직한 가족 화법 찾기
5. 생활에 적용하여 실천하기

제2장 마음을 나누는 가족 대화

서로의 생각과 마음을 전할 수 있는 대화는 가정을 유지하는 가장 기본적이면서도 중요한 요소이다. 가족 구성원들 사이에 충분한 대화가 이루어지는 가정은 서로 마음을 나누고 있기 때문에 정신적 · 심리적 결속력을 바탕으로 서로에게 긍정적인 영향을 줄 수 있다. 가족 간의 대화는 자주 이루어지는 것도 중요하지만 어떻게 말하는가 하는 것이 더 중요하다. 바람직한 가족 관계를 유지하기 위해서는 건강하게 서로를 살리는 대화 방법을 사용할 수 있어야 한다. 대화 방법이 잘못되면 오히려 말하는 것 때문에 갈등이 일어날 수 있으므로 바람직한 가족 관계를 유지하기 위해서는 건강한 대화를 나눌 수 있는 방법을 익히려는 노력이 필요하다. 그러한 노력을 통해 가족 전체의 관계가 따뜻하게 만들어질 것이다.

1. 일상적인 가정 내 대화 상황

상황 1

김 씨는 이번 주 토요일 가족 나들이를 하기로 아이들과 약속을 하였다. 토요일 아침에 아이들이 아빠에게 다시 확인을 한다. "아빠, 오늘 오후 2시예요. 잊어버리시면 안 돼요." 그런데 약속한 2시에 아빠는 나타나지 않았다. 아이들이 전화를 걸었을 때 그는 사업상 중요한 일 때문에 가족 나들이는 다음으로 미룬다는 말만 하고 전화를 끊어버렸다. 그날 저녁 늦게 귀가한 남편에게 아내가 대화를 시작한다.

아내: 모처럼 가족 나들인데 당신은 그렇게 일방적으로 약속을 어겨요? 아이들이 얼마나 실망했는지 알아요?

남편: 사업을 하다 보면 갑자기 중요한 일이 생길 수도 있는 거지. 그런 건 당연히 이해해야 하는 거 아니오? 당신도 아이들하고 똑같이 굴면 어떡해요? 내 일이 잘 되어야 우리가 다 잘 사는 거 몰라요?

아내: 그래도 그렇지. 아이들이 그런 사정을 어떻게 이해해요? 아이들이 얼마나 실망했는지 알아요?

남편: 그럼 앞으로는 절대로 가족 나들이 가자는 말은 안 할 거야.

아내: 여보, 내 말은 그게 아니잖아요.

남편: 당신이 아이들에게 아빠 일을 잘 설명해 주어야지. 당신이 그걸 안 하니까 아이들이 섭섭하다는 둥, 실망했다는 둥 그런 소리를 하지. 당신이 제대로 설명해 준 거요?

아내: 아니, 여보, 그게 아니라……

남편: 그럼 앞으로 사업이고 뭐고 다 접고 가족 나들이나 가요. 대신 생활비 없다고 불평하지 말아요.

– 홍경숙, 〈의사소통의 심리학〉, p. 24-25

질문 1: 〈상황 1〉에 나타난 가족 대화에서 문제는 무엇인가?

질문 2: 여러분은 이 경우에 어떻게 말할 것인가?

상황 2

고등학교 1학년 딸과의 대화. 평소 딸의 성적에 신경을 많이 쓰는 엄마는 딸의 중간고사 준비를 도와주기 위해 시험 기간 내내 공부하는 딸 옆에서 책을 읽으며 함께 있어 주었다. 그런데 생각만큼 시험 성적이 좋지 않게 나와서 딸은 속상한 마음으로 집에 돌아왔다.

딸 : 아유, 짜증나.
엄마: 왜? 학교에서 무슨 일 있었어?
딸 : 엄마, 지난주에 본 중간고사 성적 나왔는데, 수학을 망쳤어요.
엄마: 내가 너 그럴 줄 알았다. 너 그날 내가 같이 옆에 있어도 잠자고 한다고 그럴 때 이미 알아봤다. 잘 했다, 잘 했어.
딸 : 그거 때문이 아니에요. 그날은 너무 피곤하니까 조금만 눈 붙이고 일어나서 다시 하려고 그런 거 엄마도 알잖아요.
엄마: 중간고사라서 내신에 들어갈 텐데 어쩌려고 그래. 그래 가지고 대학 가겠어?
딸 : 엄마는 대학밖에 몰라요? 무슨 말만 하면 전부 대학이야, 대학.
엄마: 아니, 시험은 네가 못 봐 놓고 왜 엄마한테 짜증이야? 그럼 너 대학 안 갈 거야?
딸 : 몰라. 엄마랑 말 안 해(문 닫고 자기 방으로 들어가 버린다).

질문 1: 〈상황 2〉에 나타난 가족 대화에서 문제는 무엇인가?

질문 2: 여러분은 이 경우에 어떻게 말할 것인가?

2. 가족 대화가 어려운 이유

1) 안과 밖이 다른 사람

일상생활에서 우리가 가장 많이 부딪히는 사람은 누구일까? 부부간, 부모와 자녀 간, 형제간에는 생각이나 습관의 차이 때문에 매일 사소한 말다툼이나 갈등이 생기기 마련이다. 당연히 내 생각하고 똑같으리라고 생각하고, 나를 이해해 줄 것이라고 믿었지만 전혀 나를 이해 못하는 가족의 반응에 당황하기도 하고 상처를 받기도 한다. 그리고 그런 일이 반복될 때, 서로에 대한 분노와 증오는 쌓이게 되고 결국 서로에게 치명적인 상처를 주게 된다. 가족 간에 많은 이야기를 나누는 것 같지만 과연 제대로 말하고 있는 것일까?

https://www.youtube.com/watch?v=Mf-q1gopaL0&list=PLOlSDSvJ-bceiiVrDSJisHxOGHCpDn8CL

[동영상 2-1] 개그콘서트: 대화가 필요해

우리가 가장 가깝다고 생각하는 사람은 가족이다. 다른 사람들에게는 절대 보여주지 않는 나의 부족한 점도 가족에게는 아무렇지도 않게 내보이고, 또 가족이기 때문에 함부로 대할 때도 있다. 가족들은 오랫동안 함께 생활해 왔기 때문에 서로가 가지고 있는 약점을 잘 알고 있고, 이것을 도와주려는 마음에서 비평을 하는 경우도 있다. 그런데 오히려 상대방을 생각해서 하는 말이 가족들에게는 상처가 되기도 한다.

다음의 공익광고는 가정 밖에서의 모습과 가정 안에서의 모습이 다른 가족에 대해 보여주고 있다.

https://www.youtube.com/watch?v=QAriAifHsWY

[동영상 2-2] 공익광고

혹시 나 자신의 모습은 아닌가? 가족은 나와 가장 가까운 사람이고 가장 소중한 사람이다. 그런 가족을 대하는 나의 태도와 집 밖에 나가 다른 사람들을 대하는 나의 태도는 어떠한가? 다른 사람에게는 친절하고 다정하게 대하면서도 가족들에게는 오히려 퉁명스럽고 무뚝뚝하게 대하는 것이 우리의 모습은 아닌가? 너무 가깝기 때문에 오히려 가족에 대한 배려를 잊어버린 것은 아닌지 우리의 모습을 점검해 보아야 한다.

2) 화성에서 온 남자, 금성에서 온 여자

남편 또는 아내와 대화할 때 답답함을 느끼는 이유는 무엇일까? 그 이유 중의 하나는 남성과 여성은 서로 각각 다른 별에서 살다 온 것처럼 생각하는 방식도, 말을 하는 방식도 다르기 때문이다. 얼굴을 마주보며 대화를 나누고는 있지만 남성과 여성은 서로 다른 방식으로 이야기를 하고 있기 때문에 상대방의 말을 이해하지 못하는 것이다. 이와 같은 남녀의 차이는 누가 더 우월한가 열등한가를 나누는 그런 개념이 아니다. 남녀 차이는 어디까지나 상호보완적인 차이이고 이 차이를 이해하는 것은 나의 배우자를 이해하는 방식을 찾는 것이 된다.

▫ 남편은 왜 집에만 오면 입을 다물까?

다음의 영상을 보고 함께 생각해 보자.

하루 종일 남편만 기다린 아내는 남편이 돌아오자마자 기다렸다는 듯이 이야기를 쏟아낸다. 그런데 남편은 아내의 이야기에 전혀 관심이 없다. 아니 너무 말이 없다. 회사에는 말도 잘하고 일도 잘하는 남편인데 왜 집에만 오면 말이 없어지는 것일까?

http://www.lifestyler.co.kr/Content/View/10326

[동영상 2-3] 스토리온 부부쇼

3) 부족하기만 한 자녀와의 대화

자녀와 소통의 기본은 대화이다. 그러나 자녀들과의 대화도 노력 없이 이루어지기는 어렵다. 아이들은 학업으로, 부모는 회사와 집안일로 바쁜 하루를 보내고 있어서 자녀와의 대화 시간은 부족하기만 하다. 소통의 어려움은 자녀와의 갈등으로 이어질 수밖에 없다. 설문조사에 따르면, 부모가 자녀와 나누는 평균 대화 시간은 30분 정도라고 응답하였다. 특히 아빠의 경우는 10분에서 30분 미만의 시간만 대화를 나눈다는 응답이 34.5%로 가장 높았고 그 다음으로는 30분에서 1시간 미만이라고 응답한 사람이 전체 응답자의 27.6%였다. 또한 10분 미만이라고 응답한 경우도 24.1%나 되고, 1시간 이상 자녀와 대화한다고 밝힌 아빠는 10.3%에 불과하다.

[표 2-1] 하루 평균 자녀와의 대화 시간

구분	부	모
5분 미만	3.4%	2.4%
10분 정도	24.1%	2.4%
30분 정도	34.5%	47.6%
1시간 정도	27.6%	19.0%
1시간 이상	10.3%	28.6%

또한 부모들은 편안하게 자녀들과 이야기하고 싶지만 아이들이 사용하는 말은 외계어에 가까워서 이해하기도 어렵다. 바른 말만 사용하라고 꾸중만 할 수도 없고, 간혹 무슨 뜻인지 물어보기라도 하면 아이들은 세대 차이가 난다며 피하기만 한다. 자녀들이 사용하는 말을 살펴보면 요즘 아이들이 어떤 방식으로 새로운 단어를 만들어 사용하는지 조금은 이해할 수 있는 단서를 찾을 수도 있을 것이다(교육부, 2012: 10).

[표 2-2] 자녀들이 사용하는 단어의 의미

단어	의미
금사빠	금방 사랑에 빠진다의 줄임말
걸조	걸어 다니는 조각상의 줄임말
듣보잡	듣지도 보지도 못한 잡스러운 것의 줄임말
장미단추	장거리 미녀, 단거리 추녀의 줄임말
SC	쎈 척

3. 가족 대화를 위한 준비

1) 나와 다른 그

한 가정 안에 살면서도, 같은 언어를 사용하면서도 남성과 여성은 서로 생각하는 방식, 표현하는 양식이 다르다. 남성과 여성은 태어날 때부터 다르게 대우받아왔고 다르게 이야기해 왔고 다르게 이야기하게 되었다. 그래서 서로 대화를 나누면서도 "내 말은 그게 아니야." 또는 "아직도 무슨 말인지 몰라?" 라며 서로를 답답하게 생각한다. 달라도 너무 다르게 말하는 부부, 누구의 문제일까?

부모와 자녀 사이도 마찬가지이다. 위에서도 살펴본 바와 같이, 부모와 자녀가 하루에 이야기하는 시간은 평균 30분이 채 안 되며, 특히 성적이 낮은 학생은 하루 동안 부모와 30분도 이야기하지 않는다는 응답이 50%나 되었다. 점점 부모와 자녀 사이의 대화가 줄어들게 되니, 부모는 자녀가 자신과 이야기하고 싶어 하지 않는다고 생각하게 되고, 자녀는 부모가 자신의 이야기를 들어주지 않는다고 서운해 한다.

그러나 다른 것이 틀린 것은 아니다. 다음의 그림과 같이, 하나의 그림 속에 초점을 어디에 두는가에 따라 다른 모양이 보이며, 그 다른 모양은 모두 그림의 부분이 된다. 그림 안에서 다른 것을 찾았다고 해서 틀린 것이 아니라는 것이다.

[그림 2-1] 착시 그림

우리 가족도 마찬가지다. 하나의 그림 안에 있지만 보는 방향에 따라 다른 것이 보이는 그림처럼 대화를 나눌 때도 서로 중요하게 생각하는 것이 다를 수도 있다는 것이다. 우리 가족이니 당연히 나와 같이 보고 나와 같은 생각을 하고 나처럼 말하는 것이 아니라, 각자 자신이 보고 싶은 부분을 보고 자신의 방식으로 생각하고 자신의 말로 표현한다. 가족과 대화를 시작하기 전에 먼저 우리 가족은 나 자신이 아니라는 사실을 인식하는 것이 필요하다.

2) 대화 방식이 다른 남과 여

선천적으로 타고난 생물학적인 차이에 의한 것이든 아니면 후천적인 경험에 의한 사회 환경의 차이에 의한 것이든 남성과 여성의 대화 방식이 다른 것은 분명하다. 동일한 한국어로 이야기를 하고 있어도 남성의 언어와 여성의 언어는 그 의미가 다를 때가 많다. 따라서 먼저 그 차이를 이해하는 것만으로도 더 나은 대화 방법을 찾는 바탕이 될 것이다. 남성과 여성의 대화를 이해하기 위해서는 대립적인 시각에서 문제를 찾아내는 것보다는 서로를 이해하는 관점에서 대화의 방법을 모색하는 것이 더 바람직한 대화 방법을 찾을 수 있게 한다. 그러면 서로를 이해할 수 있도록 남성과 여성의 대화 방법 차이에 대해 살펴보기로 한다.

(1) 남성은 '사실'을 말하고 여성은 '감정'을 말한다.

남성은 언어적 표현의 의미 자체를 중요하게 생각하지만 여성은 그 일에 대한 자신의 감정이 어떤 것인지를 전달한다.

> 아내: 여보, 오늘은 외식 좀 해요.
> 남편: 무슨 외식을 또 해요? 그냥 집에 있는 대로 먹어요.
> 아내: 우리 이번 달에 외식이라고는 한 번도 한 적 없어요.
> 남편: 무슨 소리야? 지난주에도 중국집 갔었잖아.

"이번 달에 외식이라고는 한 번도 한 적이 없어요."라고 아내가 이야기했을 때, 남편은 '한 번'은 갔기 때문에 그 말은 사실이 아니라고 지적하거나 실제로 올해 외식을 '몇 번' 했는지 그 횟수를 말해주게 된다. 그러나 아내가 이야기하는 '한 번도'라는 말은 정확한 '사실'을 이야기하는 것이 아니라 그만큼 외식을 자주 하지 않아 서운하다는 '감정의 강도'를 이야기하는 것이다.

(2) 남성은 '해결'을 원하고 여성은 '공감'을 원한다.

남자는 문제가 생기거나 고민이 있으면 자기를 믿어주기 바라고 혼자 있고 싶어 하는 데 비해 여자는 같은 상황에서도 관심을 받고 싶어 하고 그 일에 대해 상대방도 함께 공감해주기를 바란다.

> 아내: 여보, 나 이 수술하고 나서 얼굴에 흉터 생기면 어쩌죠?
> 남편: 그럼 성형수술하면 되지 뭐.
> 아내: 당신도 보기 싫어서 그런 거죠?
> 남편: 아니, 난 아무 상관없어.
> 아내: 그럼 왜 성형수술 받으라고 그랬어요?
> 남편: 그야 당신이 흉터 남을까봐 걱정하니까 그랬지.
> 아내: 금방 수술 받으랬다가 상관없다 그랬다가, 왜 이렇게 왔다 갔다 해요? 당신 진심이 뭐예요?
>
> – 구현정, 〈소통 불통 먹통〉, p. 40-41

아내가 듣고 싶은 말은 무엇이었을까? 아내는 아마도 아무 걱정 안 해도 된다든가, 흉터가 있어도 전혀 상관없다는 이야기를 듣고 싶었을 것이다. 그러나 남편의 대답은 아내의 기대와는 다르다. 또한 남편의 입장에서도 아내가 고민하고 있으니 해결책을 말해 준 것인데 아내가 받아들이지 않으니 언짢을 수밖에 없다. 결국 두 사람은 기본적으로 대화의 목적이 다르기 때문에 말다툼을 하고 만 것이다. 고민하고 있는 남편에게 "무슨 일이야? 말해 봐요. 뭔데 그래요?"라고 자꾸 물으면 오히려 남편은 자기를 못 믿는다고 생각하며 귀찮아하고, 아내가 고민이 있을 때 해결책을 제시해 주면 아내는 남편이 자신을 질책하는 것으로 생각해 서운하게 생각한다. 일이 너무 많아 직장생활이 힘들다는 아내에게 "그럼 그만 둬." 라고 말하지 말고, 아이의 학원비가 너무 비싸다고 하면 "그만 보내."라는 말 대신 아내의 감정을 살펴보는 것이 필요하다. 아내가 "여보, 나 고민이 있는데요," 라고 말을 시작하면 해결책을 제시해 주려고 하지 말고, 우선 "그 상황이라면 나도 그랬을 것 같아."라고 공감의 말을 준비해 보자.

(3) 남성은 '직접적'으로 말하지만 여성은 '간접적'으로 말한다.

아내는 직접적으로 말하면 상대방의 마음이 상할까봐 돌려서 말하지만 남편은 그 말이 자신에게 하는 말이라는 것을 알아차리지 못한다. 여성은 직접적으로 말하기보다는 간접적으로 돌려 말하는 경향이 있다. 여성이 간접적으로 말하는 이유는 상대방을 배려하여 정중하게 말한다고 생각하기 때문이다. 그러나 남성은 직접적으로 말하는 방식을 더 선호하는데, 이는 직접적인 표현이 정보를 정확하게 전달하는 방식이라고 여기기 때문이다. 남편이 재활용 쓰레기를 들고 나가주기를 바랄 때, 간접적으로 "재활용 쓰레기를 현관에 두니 너무 복잡하고 지저분한 것 같죠?"라고 말하는 것보다 직접적으로 "나가는 길에 이 쓰레기 좀 버려 주세요."라고 정확하게 말하는 것이 남편의 행동을 이끌어내기가 더 쉽다. 간접적인 의문문의 형태로 이야기하면 남편의 대답은 하나밖에 없다. "알면 좀 치워요."

(4) 남성과 여성은 하루에 사용하는 언어량이 다르다.

남성은 평균적으로 하루에 2천에서 4천 단어 정도를 말하고, 여성은 6천에서 8천 단어 정도를 말한다. 그러니까 퇴근하고 들어온 남편은 하루 동안 쓸 단어를 거의 다 사용하고 들어오지만 아내는 아직도 '할 말'이 남아 있는 것이다. 아내의 말은 수다가 아니다. 여성이 말을 하는 목적 중의 하나는 상대방과 서로 친밀한 관계라는 것을 확인하는 것이고, 그 관계를 유지하는 수단인 것이다. 30분 동안 친구와 전화를 하고 끊으면서 "우리 나머지는 만나서 이야기해."라고 통화를 끊는 아내를 이해하는 방법은 여성이 왜 말을 하는가를 알면 쉽게 해결될 수 있다.

남성과 여성의 대화는 중간쯤에서 비슷한 점을 찾을 수 없을 정도로 너무나 다르다. 그렇지만 누가 잘못되거나 틀려서 그런 것이 아니라 서로 다르기 때문에 나타나는 현상이다. 그러므로 무엇보다 중요한 일은 서로의 대화가 갖는 특징을 이해하는 일이 필요하다. 따라서 대화를 하면서는 서로 상대방의 입장에서 생각해 보는 패러다임의 전환이 필요하다.

3) 친밀한 비평가

가족끼리는 너무 사랑해서 상처 주는 말을 하기도 한다. 상대방과 나를 거의 동일시하여, 또 내가 아니면 상대방에게 아무도 진실을 말할 것 같지 않다고 생각해서 상처가 되는 줄 알면서도 지적하는 말을 하게 되는 것이다. 데보라 태넌(2000)에서는 이런 사람을 '친밀한 비평가'라고 하였다. 상대방을 사랑하기 때문에 자꾸 듣기 싫은 소리를 하게 되는 것이다. 그러나 지속적인 비판은 친밀한 관계 자체를 파괴하는 요소가 되고, 친하기 때문에, 또 너무 걱정이 되어서 한 말이 상대방에게는 오히려 스트레스가 되어 버린다.

> 엄마: 이 뚱보야, 너 또 뭐 하는 거야? 제발 그만 좀 먹어. 살찐다고 걱정하면서 빵을 또 먹으면 어떻게 해? 걱정을 하지를 말든가 많이 먹지를 말든지. 넌 도대체 무슨 생각으로 사는 거야?
>
> 딸 : 엄마, 진짜 엄마 맞아? 엄마는 내가 왜 그렇게 못마땅해? 그렇게 뭐든지 간섭하니까 내가 엄마 때문에 스트레스 받아서 더 먹잖아.[1)]
>
> – 구현정, 〈소통 불통 먹통〉, p. 54

1) Giedd et al.(1999)은 청소년의 반항심과 일탈에는 생물학적 원인이 있다고 밝히고 있다. 인간의 뇌 속에서 일어나는 뉴런의 연결이 청소년 시기에 급격히 변화한다. 청소년기는 편도체와 전두엽의 연결이 강력해지고 전전두엽 피질이 제대로 발달하지 못해 의사소통에 어려움을 겪고 감정 통제가 잘 되지 않는다. 고병진(2010)은 청소년이 성인에 비해 감정적으로 반응하는 것은 청소년기에 정서센터인 편도가 계획과 충동조절 센터인 전전두엽보다 더 빠르게 성장했기 때문이며, 이러한 반응은 남자 청소년의 경우 더욱 두드러지게 나타난다고 밝히고 있다. 이와 같은 생물학적 측면의 접근도 부모 · 자녀의 대화 연구에서 필요하다.

엄마는 딸이 빵을 먹는 것을 제재하려고 하지만 한편으로는 딸이 살찌는 것에 대해 자신이 걱정하고 있으며 그만큼 딸에게 관심이 있다는 것을 표현하는 것이다. 그렇지만 딸의 입장에서는 엄마가 자신을 못마땅하게 생각하고 있으며, 엄마가 자신의 일에 간섭하고 있기 때문에 스트레스를 받는다고 여겨 엄마의 말을 걱정이나 관심으로 받아들이지 않는다.

> 남편이 운전을 하고 아내는 주변의 상황에 대해 남편에게 이야기하고 있다.
>
> 아내: 옆에서 차 나와요. 브레이크!
> 남편: 알아요. 나도 봤어요.
> 아내: 여보, 빨간 불. 속도 좀 늦추세요.
> 남편: ……
> 아내: 오토바이 뒤에서는 좀 떨어져 가요.
> 남편: 당신이 운전을 하든가.
>
> – 구현정, 〈소통 불통 먹통〉, p. 55

가족이 함께 차를 타고 나가면 보통 옆자리에 앉은 아내는 주변 상황을 알려주면서 이런 저런 말을 하게 된다. 자신이 그런 말을 하는 것은 남편이 운전하고 있는 상황에 대해 협조하고 도와주는 일이라고 생각하기 때문이다. 그러나 남편의 입장에서는 아내가 자신의 운전 실력이 미덥지 못해 지적하고 간섭하는 것으로 생각하게 되어 불쾌해지니 "당신이 운전을 하든가."라는 말을 하게 된다. 또 도와준다고 생각하며 말하던 아내도 민망해져서 기분 좋게 나섰던 나들이 길은 서로 말 한마디 없이 냉랭하고 불편한 길이 되고 만다.

가족 대화에서 염두에 두어야 할 것은 가족 사이에서는 작은 마찰도 큰 분쟁이 될 수 있다는 것이다. 이는 그동안에 쌓아 두었던 것이 한 순간에 폭발할 수 있기 때문이다. 지금 한 말 한마디는 별로 그리 중요한 것도 아닌데, 평소에 자신에게 늘 그런 식으로 비난을 한다고 생각하고 있었기 때문에 어느 순간 그 한마디에 폭발해 버리는 것이다. 가족 간에는 관심을 기울이고 걱정하고 챙겨준다는 것이 오히려 의견 충돌이 되거나 상대방이 하고자 하는 일을 방해하는 것, 비난하는 것으로 표현될 수 있기 때문이다. 가족 사이의 대화를 회복하기 위해서는 먼저 가정이 재충전의 보금자리가 될 수 있도록 서로 칭찬하고 감사하고 존중하는 말을 많이 해주어야 한다. 이런 말들이 힘을 주고 자신감을 주고 동기를 부여해 주는 말이기 때문에 많이 하면 할수록 가정이 윤택해진다.

그리고 가족이 나에게 하는 듣기 싫은 비평의 말도 그 자체만 두고 기분 나빠하기보다는 그 말 속에 담겨 있는 관심과 사랑의 마음을 읽으려는 노력, 가정이라는 공동의 목표를 위해서 서로 협력하고 이해하려는 노력이 더 필요하다.

4) 입은 하나 귀는 둘

(1) 상대방의 마음을 들어주자

상대방과 대화할 때는 어떻게 들어주어야 할까? 우리가 다른 사람의 말을 들을 때는 글자 그대로의 의미만이 아니라 그 안에 숨어 있는 의도, 곧 속마음을 읽어내려는 노력이 중요하다. 다음의 대화는 서로 자기 말만 할 때 나타나는 상황이다.

휴일에 아내는 영화를 보러 극장에 가자고 하고 남편은 그냥 쉬고 싶다고 한다.
아내: 여보, 휴일인데 집에만 있지 말고 우리 좀 나갔다 와요.
남편: 피곤해. 좀 조용히 쉬고 싶어요.
아내: 집에 있으면 자꾸 축축 처지니까 그러지 말고 우리 영화나 보고 와요.
남편: 그렇게 보고 싶으면 당신 혼자 보고 와요. 영화관 사람 많아서 복잡하고 지금 나가면 길도 막히잖아. 피곤하다고.
아내: 당신은 정말 자기밖에는 몰라요.

그러다 두 사람의 대화는 곧 말다툼이 되어 버린다. 이때 필요한 것이 대화이다. 상대방이 정말로 말하고 싶은 것이 무엇인지 알아내려면 상대방이 마음을 터놓고 속마음을 이야기할 수 있도록 도와 가야 한다. 다음의 대화를 통해 상대방의 마음을 듣기 위해 필요한 부분에 대해 생각해 보기로 한다.

아내: 여보, 휴일인데 집에만 있지 말고 우리 좀 나갔다 와요.
남편: 피곤해. 좀 조용히 쉬고 싶어요.
아내: 집에 있으면 자꾸 축축 처지니까 그러지 말고 우리 영화나 보고 와요.
남편: 사람 많고 시끄럽고 길도 막히잖아. 피곤하다고.
아내: 여보, 당신은 왜 집에 있고 싶어요?
남편: 일주일 동안 일하느라 피곤해서 그래요. 그리고 지금 나가면 시내가 너무 복잡하잖아요.
아내: 그럼 당신은 조용하고 평화로운 휴일을 원하는 거예요?
남편: 그래요. 그런데 당신은 왜 영화 보러 나가고 싶어요?
아내: 오늘은 당신하고 같이 시간을 보내고 싶어서 그래요.[2] 당신은 조용하고 평화로운 휴일을 원하고 나는 당신하고 시간을 함께 보내길 원하니까 우리 한적한 곳으로 다녀오면 어때요?
남편: 그래요. 그러면 조용한 공원으로 산책이나 다녀올까요?

(2) 공감적 경청을 하자

대화는 말하는 것과 듣는 것으로 이루어져 있다. 그런데 보통 대화를 한다고 하면 말하기에만 관심을 가지고 듣는 것에 대해서는 별로 중요하게 생각하지 않는 경향이 있다. 그러나 탈무드에는 듣기의 중요성에 대해 강조하며, 사람의 얼굴에 귀가 두 개, 입이 하나인 까닭은 말하는 것보다도 듣는 것을 그만큼 많이 하라는 뜻이라고 풀이하고 있다.

2) 20년 동안 결혼 상담을 한 게리 채프먼은 사랑의 5가지 언어를 제시한다. 사람들이 사랑을 구사하고 이해하는 방법에는 인정하는 말, 함께하는 시간, 선물, 봉사, 육체적인 접촉 등이 있고 그 양상이 다양하다. 부인은 남편과 시간을 함께 보내는 것이 사랑이라고 생각하는 반면, 남편은 열심히 일을 하여 사회적 성취를 하고 부인에게 '인정하는 말'을 듣고 싶어한다면 두 사람은 사랑의 말이 서로 다르고 상대방에게 기대하는 것이 서로 다른 부부이다.

[그림 2-2] 듣기의 중요성(광수생각)

가족 간의 대화가 잘 이루어지는지를 살피는 척도는 서로 상대방의 말을 얼마나 잘 듣는가를 확인하면 된다. 보통 우리가 다른 사람의 이야기를 듣는 방법에는 판단하며 듣는 유형, 조언하며 듣는 유형, 질문하면서 듣는 유형, 공감하며 듣는 유형 등 네 가지 유형이 있다. 보통 사람들은 상대방의 말에 대해 공감하기보다는 질문하거나 상대의 말에 자기 나름대로 판단하고 자기 입장에서 생각하는 조언을 말하기 십상이다. 그런데 공감하면서 듣는 유형의 사람들이 그다지 많지는 않다. 공감하며 듣는 방법은 특별한 기술이 필요한 것이 아니다. 먼저 경청해서 이해하려고 노력하는 대화 방법이다. 상대방의 말을 잘 듣고 있음을 알려주는 것과 함께 자신이 상대의 마음을 제대로 이해하고 있는지를 확인하는 반응을 나타내는 것이다. 먼저 경청하고 이것을 통해 상대방을 이해하려고 하는 공감하며 듣는 방법은 무슨 대답을 말할 것인지 준비하지 않아도 된다. 단지 상대방이 말한 메시지를 다시 반복하거나, 상대방의 말을 확인하는 종류의 언어적 반응만을 하면 된다. 이것은 상대방에게서 들은 말을 다시 한 번 확인함으로써 정말로 상대방의 말을 이해하고 있고, 또 상대방의 말을 경청하였음을 적극적으로 나타내 주는 방법이다. 듣기의 여러 단계 중에서 가장 높은 단계는 상대방의 말에 대하여 '공감하며 듣는 방법'이다. 공감하면서 듣기는 특히 가족과의 대화에서 필수적이다.

> 아빠: 공부하느라 조용한 줄 알았더니 낮잠 자는 거야?
> 아들: 아빠, 저 피곤하고 졸려요.
> 아빠: 그러니까 누가 늦게까지 컴퓨터 게임 하래? 오늘부터 컴퓨터 하지 마.
> 아들: 게임한 거 아니에요. 그리고 컴퓨터 안 하면 숙제는 어떻게 해 가요?
>
> – 구현정, 〈소통 불통 먹통〉, p. 216

아들의 피곤하고 졸린다는 말에 대해 아빠가 말하고 있는 '누가 컴퓨터 게임 하래?'라는 판단의 표현과 '오늘부터 컴퓨터 게임 하지 마'라는 조언은 아들의 반발만 불러일으킨다. 아들은 자신을 이해해 줄 것이라고 생각한 아빠에게 공감을 얻지 못해 아마도 아버지와는 더 이상 대화가 안 된다고 생각할 것이다. 이 경우 공감하며 들으면 다음과 같은 대화로 바뀔 수 있다.

> 아빠: 공부하느라 조용한 줄 알았더니 낮잠 자는 거야?
> 아들: 아빠, 저 피곤하고 졸려요.
> 아빠: 어, 우리 아들. 피곤하고 졸립구나.
> 아들: 네, 오늘 야구를 해서 그런가 봐요.
> 아빠: 그래. 오늘 야구를 해서 많이 피곤하구나.
> 아들: 아빠, 저 숙제도 해야 하는데 너무 졸려서 못하겠어요.
> 아빠: 어~ 많이 피곤한가 보네. 숙제를 하기 어려울 정도면.
> 아들: 네. 진짜 졸려요, 아빠. 그렇지만 숙제 안 하면 안 되겠죠?
> 아빠: 그래, 그런 생각 하는 거 보니까 우리 아들이 다 컸네. 아빠가 걱정하지 않아도 되겠어.

아빠는 공감하며 듣는 것을 통해 비로소 아들이 생각하는 방식을 이해하고 또 느끼는 감정도 이해할 수 있게 된다. 또한 아들도 아빠와의 대화를 통해 자기 스스로 문제의 답을 찾을 수 있게 되는 것이다. 공감하며 듣는 것은 상대방의 틀

안에 들어가서 상대의 입장이 되어 세상을 보는 방법이다. 상대방의 말을 잘 듣고 말하기 위해서는 공감하며 듣는 방법이 중요하다.

(3) 대답할 수 있게 질문하자

자녀와 대화할 때 중요한 또 하나의 방법은 질문하는 방법이다. 가족과 대화를 한다고 해서 아무렇게나 물어보는 것이 아니라 상대방이 대답할 수 있게 질문을 해야 한다. 대화를 시작하기 위해 부모가 던지는 질문 한마디에 자녀는 부담스러워 더 입을 닫아버릴 수도 있고 아니면 편안하고 부담 없이 대답을 할 수도 있기 때문이다. '예, 아니오'로밖에는 대답할 말이 없는 폐쇄형 질문이 아니라 자녀가 쉽게 대답할 말을 찾을 수 있는 개방형 질문을 해야 한다. 폐쇄형 질문과 개방형 질문은 다음과 같다.

폐쇄형 질문: ① 오늘 학교에서 친구랑 또 싸운 건 아니지?
② 숙제 다 했니?
개방형 질문: ① 오늘은 학교에서 친구랑 뭐 했어?
② 요즘 숙제 열심히 하던데 어떤 숙제니?

– 교육부, 〈밥상머리교육〉 길라잡이, p. 46

가족과 갈등 없이 대화를 나누기 위해서는 상대방의 문제에 접근할 때 이야기를 할 수 있도록 개방적인 질문으로 이야기하고, 상대방이 고민을 말하면 조언이나 격려의 말을 해주기보다는 공감하며 들어주는 태도가 필요하다. 상대방은 지금 내 말을 듣고 싶은 것이 아니라 나에게 말하고 싶어 하고 있다.

(4) 나-전달법으로 말하자

가족 대화에서 문제 상황을 극복할 수 있는 또 다른 대화 방법으로는 '나-전달법'(I-message)이 있다. 나-전달법이란 주어가 일인칭인 '나'로 시작하는 말을 하는 대화 방법을 말한다. 대부분 대화를 가로막는 말들은 주어가 '너'로 시작하는 '너-전달법'인 경우가 많다. '너'가 주어가 되면 직접적으로 상대방의 체면을 손상시키기 때문에 부작용이 많다. 또한 너-전달법은 일방적으로 지시하는 말하기가 되어 상대방이 대답할 말을 선택할 기회가 없어지고, 반발적인 행위를 일으킨다. 아무리 가족이라고 해도 명령을 받거나 위협을 당하는 경우에는 저항감을 갖게 되고 더 이상 대화를 나누기가 불편해지기 때문이다.

> 언니: 무슨 음악이 이렇게 시끄러워? 소리 좀 줄여.
> 동생: 너 요즘 왜 그렇게 날카로운데?
> 언니: 너 언니한테 너가 뭐야?
> 동생: 언니가 언니다워야지. 왜 남 음악 듣는 것까지 참견이야?
> 언니: 너 혼자 사는 집도 아니잖아, 너만 좋으면 다야?
> 동생: 너나 잘하세요.
>
> – 구현정, 〈소통 불통 먹통〉, p. 177

위의 대화처럼 주어가 너로 시작하는 말을 하게 되면, 대화가 진행되면 될수록 서로의 거리는 점점 더 벌어지게 된다. 이와 같은 직접적인 대화를 간접화하는 방법이 바로 주어를 '나'로 바꾸는 방법이다.

□ 어떤 표현이 좋을까요?
① "도대체 너는 몇 번을 말해야 알아듣겠니?"
② "계속 같은 잘못을 보면 엄마는 화가 나."
③ "네가 그렇게 말을 안 들으니 엄마도 화가 나."

'나-전달법'은 자신의 감정과 경험을 전하는 방법이다. 상대방인 '너'의 문제를 말하는 사람인 '나'의 관점으로 바꾸어 이야기하기 때문에, 직접적으로 상대방의 체면이 손상되지도 않고, 화자의 심정이나 상태를 직접적으로 표현하기 때문에 전달 효과도 더 확실해져서 효과적인 대화 방법이 된다.

나-전달법을 사용하기 위해서는 다음과 같은 세 가지의 정보가 필요하다.

첫째, 문제를 일으키는 상대방의 행동은 무엇인가? 둘째, 그 행동이 나에게 어떤 영향을 끼치고 있는가? 셋째, 나는 그 결과에 대하여 어떤 느낌을 가지고 있는가? 하는 것을 차례로 말하면 된다. 앞서 살핀 대화에서 언니의 말은 다음과 같이 바꾸면 동생의 마음을 상하지 않으면서도 자신의 의견을 적절하게 전달할 수 있는 대화가 된다.

행동: 네가 음악을 그렇게 크게 틀어놓으면
영향: 내가 시험공부를 할 수가 없어서
감정: 화가 나.

특히 부모가 자녀와 대화하면서 사용하는 '나-전달법'에서는 부모가 자신이 느끼는 감정을 간단하고 직접적으로 솔직하게 표현하는 것이 필요하다. 이것은 자녀가 자신의 감정을 솔직하게 드러낼 수 있도록 하는 교육적 효과도 가지는 것이기 때문이다.

5) 행복한 가족 식사: 밥상머리 교육

'밥상머리 교육'이란 가족이 모여 '함께' 식사를 하며 서로 나누는 대화를 통해 가족 사랑과 인성을 키우는 것을 말한다. 단지 밥을 먹는다는 것 이상의 의미를 기지고 있는 것이 밥상머리 교육이다. 가족의 식사 시간은 대화의 장이며, 하루의 일과를 나누고 서로의 정을 공감하는 소통의 시간이기 때문이다.

역대 노벨상 수상자의 30%를 배출한 유대인들에게 가족이 함께 하는 식사는 특별한 의미를 갖는 가족 의식이다. 감사 기도로 식사를 시작하고 자연스럽게 대화하면서 밥상에서 예절과 전통을 익히고 감사하는 마음을 갖게 된다. 유대인은 밥상에서는 절대로 자녀를 혼내지 않고 꾸짖을 일이 있으면 식사 후로 미루는데, 그 이유는 밥상머리에서 가족과 나누는 대화를 소중하게 생각하기 때문이다.

[그림 2-3] 밥상머리 교육

그러면 밥상머리 교육은 무엇이 좋을까?

첫째, 아이들이 똑똑해진다. 하버드 대학의 캐서린 스노우 교수의 연구 결과, 아이들은 식사 중에 가장 많은 어휘를 배우며, 이것은 학습효과 및 학력과 관련이 있다고 발표하였다. 아이는 식사에서 자연스럽게 어른과 함께 대화를 하게 되고 이에 흥미를 느끼면 최대한의 집중력을 발휘하게 된다. 어른들과 대화를 하면서 낯선 단어를 듣고 이해하는 과정에서 어휘력을 키울 수 있게 되며, 독서를 할 때보다 10배 많은 어휘를 습득할 수 있다. 밥상머리에서 풍부한 단어에 노출될 기회가 많은 아이가 공부를 더 잘할 확률은 그렇지 않은 아이의 2배라고 한다. 이와 같이 밥상머리 교육은 자녀의 인지발달에 매우 효과적이며 직간접적으로 자녀의 학업성취와 연결된다.

둘째, 아이들이 안정감을 느낀다. 가족이 함께 식사를 하면 자녀들이 정서적으로 안정이 되어, 흡연이나 음주, 약물남용, 우울증, 자살 등의 부적응 행동을 할 확률이 떨어진다. 밥을 먹으면 스트레스를 줄여주는 옥시토신이라는 호르몬이 분비되는데, 가족과 밥을 먹으며 이야기를 나누면 자녀의 뇌에서는 옥시토신이 두 배 이상 분비될 것이다.

셋째, 아이들이 예의바른 행동을 한다. 예부터 내려오는 밥상에서 지켜야 할 식사법인 어른이 수저를 들기 전까지 기다려야 하는 것, 같이 나누어 먹는 것과 같은 류성룡가의 교육, 약속시간의 소중함을 일깨워주는 케네디가의 밥상머리교육은 작은 예절수업 시간과 같았다. 밥상머리에서 절제와 배려, 약속과 같은 기본 예절을 지키도록 하는 것이 자녀의 인성 발달의 기본이 된다.

넷째, 아이들이 모두 건강해진다. 미네소타 대학의 연구결과를 보면 가족과 함께 식사하는 자녀들이 더 건강한 식습관을 가지고 있으며, 결과적으로 균형적인 영양을 취해 신체적으로 더 건강하다. 밥상머리 교육으로 자녀들의 건강한 성장을 도모할 수 있다.

다섯째, 가족이 모두 행복해진다. 가족과 함께 식사를 하는 것이 가족의 유대감을 강화시켜 삶의 만족도와 행복감을 증진시킨다는 연구결과가 발표되었다. 특히 아동과 청소년들에게 가족과 함께 하는 식사는 행복지수를 높이는 중요한 요건이 된다(밥상머리 교육, 2012: 11-19 참조).

4. 바람직한 가족 화법 찾기

1) '만약 나라면'

'만약 나라면 상대방이 이렇게 해주기를 바란다'고 생각하는 부분에 대하여 표현해 보자. (조원과 서로 번갈아 가면서 역할극 해보기)

(1) 상황 1로 다시 돌아와서

아내는 말 한마디 잘못했다가 생활비를 깎일 위기에 처해 버렸다. 남편이 성실하고 열심히 일하는 가장이라는 것은 분명히 알고 있다. 그래도 갑자기 약속을 어긴 남편에게 서운한 마음을 전한 것인데 남편의 반응은 차갑기만 하다. 남편은 아내에게 자신의 입장을 이해하라고 하지만 아내의 마음은 과연 제대로 이해하고 있는 것일까? 상대방에게 자신의 입장을 설명할 때에는 설득을 하기에 앞서 무엇이 필요한지 생각해 보아야 한다. 상대방의 마음을 이해하고 수용하는 태도, 즉 공감하는 일이 우선되어야 한다. 이런 경우에 어떻게 이야기할 수 있을지 다음의 대화와 비교해 보자.

아내: 모처럼 가족 나들인데 당신은 그렇게 일방적으로 약속을 어겨요? 아이들이 얼마나 실망했는지 알아요?

남편: 여보, 미안해. 오랜만의 가족 나들이라 모두 기대가 많았을 텐데 내가 오지 않아서 많이 서운했지?

아내: 그래요. 아이들 기대가 완전히 물거품이 되어 버렸어요. 우리 약속을 취소해야 할 만큼 중요한 일이 생긴 거예요?

남편: 응. 거래처에서 갑자기 연락이 와서 어쩔 수가 없었어요. 나도 아이들과 당신 모두 실망했을 거라고 생각해서 무척 안타까웠어요. 그런데 상황이 그러니 그쪽으로 가보는 수밖에 없었지. 사실 나도 우리 가족 나들이 많이 기다렸어. 다음 주에는 더 좋은 곳으로 꼭 갑시다. 내가 약속할게.

(2) 상황 2로 다시 돌아와서

딸은 자기 때문에 잠도 못 잔 엄마를 보기가 미안해서 먼저 짜증을 내고 말았다. 그런 딸의 마음을 이해하기는커녕 엄마는 그럴 줄 알았다고 하며 비난을 하면 딸의 입장에서는 더 이상 대화를 하기가 어렵다. 엄마가 자신의 마음도 모르고 대학만 중요하게 생각한다고 서운한 감정이 들게 된다. 또 엄마는 엄마대로 속상한 마음을 이야기한 것뿐인데 딸은 제 방으로 들어가 대화를 거부해 버리니 서로 기분이 상해 버린다. 이런 경우에 속상해서 들어오는 딸에게 어떻게 이야기하면 좋을지 다음의 대화와 비교해 보자.

딸 : 아유, 짜증나.

엄마: 왜? 학교에서 무슨 일 있었어?

딸 : 엄마, 지난주에 본 중간고사 성적 나왔는데, 수학 망쳤어요.

엄마: 시험 성적이 안 나와서 속이 많이 상했구나.

딸 : 엄마 죄송해요. 엄마가 잠도 못 자고 나 공부하는 동안 늦게까지 같이 있

어주고 신경 많이 써주셨는데....

엄마: 그래, 엄마도 우리 딸이 너무 속상해 하니 마음이 아프구나. 그래도 공부할 때 엄마 옆에 있다고 귀찮아하지도 않고 열심히 노력하는 모습 보여주어서 좋아. 이번에 조금 모자란 것 다음에 더 잘 해서 만회하도록 하자.

딸 : 네. 열심히 할게요, 엄마.

(3) 가족 간의 바람직한 대화를 위해 가장 중요하고 필요한 요소는 무엇이라고 생각하는지 말해 보자.

____

____

____

2) 역할 회복하기

(1) 부모다움, 자녀다움, 남편다움, 아내다움 등 '~다움'에 대하여 생각해 보고 조원과 함께 이야기해 보자. 그리고 우리 조에서 정한 '~다움' 에 대해 발표해 보자.

____

____

____

(2) 우리 조에서 설정한 '~다움'의 모습과 자신의 현재 모습 비교해 보자. 같은 점과 다른 점은 무엇인가?

____

____

____

3) 공감 연습

공감적 경청의 방법을 생각하며 다음의 듣기 방법에 대하여 비교해 보자. 예시의 대답 이외에 또 어떻게 말할 수 있을지 생각해 보자.

(1) 결과가 좋지 않은 성적표를 보여주지 않고 숨기다 우연히 발견된 상황

아들: 보여 드리려고 했는데, 성적이 너무 나빠서…… 잘못했어요.

엄마 1: 너 어떻게 엄마를 속일 수 있니? 게다가 성적은 이게 뭐야?

엄마 2: 열심히 했는데 성적이 잘 안 나와서 엄마한테 보여주기 미안했구나. 엄마가 실망할까 봐 성적표를 감췄구나.

엄마 3: 성적 때문에 엄마가 실망할까 봐 많이 걱정했구나.

엄마4: ______________________________

(2) 동생이 자기만 쫓아다닌다면서 귀찮다고 투정하는 아이에게

아이: 엄마, 동생 때문에 짜증나.

엄마 1: 왜? 무슨 일인데? 동생이 어떻게 했는데?

엄마 2: 동생 때문에 짜증이 났구나.

엄마 3: ______________________________

5. 생활에 적용하여 실천하기

1) 밥상머리 교육 이렇게 해 보자

〈밥상머리 교육〉 실천지침 10가지

첫째, 일주일에 두 번 이상 '가족식사의 날'을 정한다.
둘째, 정해진 장소에서 정해진 시간에 가족이 함께 모여 식사를 한다.
셋째, 가족이 함께 식사를 준비하고 함께 먹으며 함께 정리한다.
넷째, 식사 중 텔레비전은 끄고 전화는 나중에 한다.
다섯째, 서로 대화를 할 수 있도록 식사는 천천히 한다.
여섯째, 가족 간에 서로의 하루 일과를 공유한다.
일곱째, '어떻게 하면 좋을까'와 같은 열린 질문을 주고받는다.
여덟째, 부정적인 말을 피하고 공감과 칭찬을 많이 한다.
아홉째, 이야기를 중간에 끊지 않고 끝까지 경청한다.
열번째, 식사 시간이 즐겁고 행복할 수 있도록 가족 모두가 함께 노력한다.

- 교육부, 〈밥상머리 교육 길라잡이〉, p.23

2) 세 가지 말과 친해지기: 자녀에게 이렇게 말해 주자

아이는 아직 자신을 믿지 못하기에, "괜찮아."
스스로 믿을 힘이 자라도록, "잘했어."
언제나 자기편인 부모가 있다는 걸 알려주려고,
그래야 힘든 도전도 가능하기에, "사랑해."
짧은 세 글자, 세 마디 말이 아이를 키웁니다.

- 서천석, 〈하루 10분 내 아이를 생각하다〉, p.19

3) 자녀에게 이 말만은 절대 하지 않기

〈자녀에게 해서는 안 될 말 7가지〉

1. 자신감을 없애는 말

   넌 그것밖에 못하니? 넌 누굴 닮아서 그 모양이니?

   네가 한두 살 먹은 어린애니?

2. 자존심에 상처를 입히는 말

   (여자, 남자)가 왜 그러니? 너는 (형, 언니, 동생)이 돼서는, 왜 그러니?

   넌 심부름 하나 제대로 못 하니?

3. 자율성을 해치는 말

   잔말 말고 엄마가 시키는 대로 해. 엄마가 하라는 대로만 하면 돼.

4. 불안에 빠지게 하는 말

   너 같은 애는 엄마 자식이 아니야. 내가 너 때문에 못 살아.

   너 자꾸 그럴 거면 당장 나가!

5. 의욕을 상실하게 하는 말

   커서 뭐가 되려고 그러니? 네가 웬일이냐 공부를 다 하게?

   조그마한 게 멋이나 부리지 말고 공부해.

6. 부담을 주는 말

   엄만 너밖에 없어. 다 널 위해서 그러는 거야. 좀 더 큰 꿈을 가질 수 없니?

7. 창조성을 없애는 말

   네가 뭘 안다고 그래? 바쁘니까 나한테 묻지 마.

   쓸데없는 짓 하지 말고 공부나 해.

– 원기범, 〈부모의 말이 바뀌면 자녀의 인생이 바뀐다〉

❑ 참고 문헌 및 참고 자료

고병진(2010). 청소년 뇌교육프로그램 적용에 따른 뇌파활성도와 정신력 및 자기조절능력의 변화, 국제뇌교육종합대학원대학교 박사학위논문.

교육과학기술부(2012). 밥상머리교육 학부모용 길라잡이, 인천광역시교육청.

구현정(2009). 대화의 기법, 도서출판 경진.

구현정(2011). 소통 불통 먹통, 도서출판 경진.

구현정 · 전정미(2007). 화법의 이론과 실제, 박이정.

박광수(2012). 광수생각, 북클라우드.

원기범(2014). 부모의 말이 바뀌면 자녀의 인생이 바뀐다, 바이펍.

서천석(2011). 하루 10분, 내 아이를 생각하다, 비비북스.

홍경자(2007). 의사소통의 심리학, 이너북스.

Giedd, J. N., Blumenthal, J., & Jeffries, N. O. (1999). Brain development during childhood and adolescence: a longitudinal MRI study, *Nature Nuroscience* 2. pp. 861-863.

Gray, J. (1993). *Men Are from Mars, Women Are from Venus*, 김경숙 옮김(2002), 화성에서 온 남자 금성에서 온 여자, 친구미디어.

Pease, B. (2000). *Why Men don' t listen and women can' t read maps*, 이종인 옮김(2000), 말을 듣지 않는 남자 지도를 읽지 못하는 여자, 가야넷.

Pease, B. (2002). Why men can only do one thing at a time and women never stop talking. 서현정 옮김(2003), 한 번에 한 가지밖에 못하는 남자 잔소리를 멈추지 않는 여자, 베델스만.

Tannen, D. (2002). *I only say this because I love you.* - Talking to Your Parents, Partner, Sibs, and Kids When You're All Adults, 남재일 옮김(2003), 사랑한다면 그렇게 말하지 마, 생각의 나무.

KBS 개그콘서트, 대화가 필요해

http://www.kobaco.co.kr//businessintro/about/uploadFile.wmv

http://www.lifestyler.co.kr/Content/View/10326

제3장

살맛 나는 직장 대화

1. 직장 내에서 문제가 되는 화법 상황
2. 직장에서 어떻게 하면 잘 소통할 수 있을까?
3. 직장 내 화법에 대한 이론적 설명
4. 직장 내 화법, 마음에 되새기고 실천하기

제3장 살맛 나는 직장 대화

직장 생활에서 가장 힘들고 짜증나는 상황은 언제인가? 여러 가지 힘든 위기의 상황이 있겠지만 그 중 가장 힘든 것은 인간관계에서 오는 다양한 갈등 상황일 것이다. 갈등 상황은 종종 아주 작은 일상의 사소한 '말'에서부터 시작된다. 무심코 던진 말이 상대의 마음속에 비수처럼 꽂히면서 갈등은 서서히 시작되는데, 이런 상황들이 지속되다 보면 갈등은 눈덩이처럼 커지게 되고 이로 인해 회사 구성원 서로 간의 원활한 소통이 어려워진다.

직장 내 구성원 간에는 특히 배려적 태도를 바탕으로 한 공감적 소통이 매우 중요하다. 최근 직장인 304명을 대상으로 한 설문 결과[1] 60% 이상이 '직장 내 소통이 원활하지 않다'고 응답했다. 그 원인으로는 '수직적 조직 문화 때문', '서로의 의견을 잘 이해하지 않아서'가 지적되었는데 이런 소통의 부재는 회사 생활 전체에 악영향을 끼치게 된다.

미국 경영대학 학장들과 포춘지가 선정한 500개 기업 인사부장들의 조사 보고서(Guffey, 1995)에 의하면 젊은 간부들의 경우 자신만의 방법으로 타인과 원

1) 2014년 8월 11일 취업전문포털 잡코리아에서 직장인 304명을 대상으로 조사한 결과

활하게 의사소통할 수 있는 직원을 가장 성공한 간부로 평가하였고, 효율적 커뮤니케이션 기법과 간부와 직원 간의 커뮤니케이션 기법을 보유한 경우 직무 만족과 그룹의 결속력이 강해지기 때문에 더욱 성공할 수 있는 것이라고 보고하고 있다(지혜영, 2003: 9 재인용).

그렇다면 직장 동료들과 원활한 소통을 하면서 즐거운 직장 생활을 할 수 있는 방법은 무엇일까?

이번 장에서는 직장 내 올바른 화법 교육을 통해 살맛 나는 직장 생활을 할 수 있는 방법을 제시하도록 한다. 직장 안에서의 소통뿐 아니라 외부 사람들 특히 민원인들과의 올바른 소통 방식도 함께 다루면서 회사 안과 밖에서 실질적으로 활용할 수 있는 바람직한 화법을 제시하고자 한다.

1. 직장 내에서 문제가 되는 화법 상황

직장에는 다양한 성격을 지닌 각양각색의 사람들이 모여 있기 때문에 서로를 완전히 이해하면서 공감하는 것은 쉽지 않다. 운이 좋아서 자신과 잘 맞는 직장 동료나 상사를 만나게 되는 경우도 있지만 대부분은 그렇지 않다. 자신과 가치관이 다른 사람들과 의사소통을 할 때 다양한 문제가 발생할 수 있는데, 상대의 말이나 행동이 자신의 기준에서는 전혀 이해가 되지 않는다든가, 자신의 의미 없는 말 한마디가 상대의 기분을 상하게 하여 의도치 않은 결과를 가져오는 일들이 그 경우이다.

하지만 누가 봐도 공통적으로 이해하기 힘든 행동을 한다든가, 뻔히 속이 보이는 얄미운 거짓말 등을 하면서 뭇사람들의 눈살을 찌푸리게 하는 사람들이 있다. 일명 직장 내 밉상들인데, 밉상 캐릭터 TOP 5를 뽑아보았다.

다음 영상은 직장 내 밉상에 대한 내용이다. 영상을 보고 어떤 부분에 공감하는지, 직장에서 어떤 유형의 직원들을 대하기 어려운지에 대해 함께 이야기해 보자.

[막돼먹은 영애 씨 편집본]
http://blog.naver.com/ehk1984?Redirect=Log&logNo=220049192502&jumpingVid=43C1C8F07F7135F9B95A3E18CECAAE499F65

[동영상 3-1] 직장 내 밉상 캐릭터 TOP 5

● 상황1: 직장 상사와의 대화

직장 내 인간관계는 크게 두 가지로 나눌 수 있는데, 상사와 부하 직원과의 관계, 동료 간 관계이다. 이 중 특히 상사는 직장 생활을 하면서 빈번하게 부딪혀야 하는 가장 어려운 상대이다. 상사와의 관계가 좋으면 직장 생활도 편하고 좋겠지만 그렇지 않을 경우 가시방석에 앉은 것처럼 직장 생활이 불편해질 수 있다.

최근 조사[2)]에 따르면 20-30대 직장인들이 생각하는 답답한 상사는 '부하 직원의 말을 경청하지 않고 자기 할 말만 하는 상사'였다. 또한 '자신의 의견을 굽히지 않는 상사', '버럭 소리부터 지르고 보는 상사' 등이 높은 순위에 있었는데 이는 모두 직장 내 화법과 연관된 것임을 알 수 있다. 직장에서 상사는 종종 업무 보고를 받거나, 부하 직원의 태도나 능력을 평가하는 입장에 있기 때문에 부하 직원과의 관계[3)]가 수직적일 수밖에 없다. 그런데 상사들 중에서는 자신의 높은 지위를 이용

2) 취업포털 잡코리아와 청림출판사가 20대, 30대 직장인 350명을 대상으로 공동 설문을 진행한 결과(위키트리 뉴스, 2014년 8월 21일자)

하여 부하 직원을 기분 나쁘게 하는 부적절한 화법을 구사하는 사람들이 많다.

직장 내 가장 많이 문제가 되는 언어 사례는 상사-부하 직원 간의 의사소통 문제이다. 상사가 권위적이거나 사람보다는 업무를 중요하게 생각하며 융통성 없이 규칙만을 강요하는 경우 의사소통으로 인한 갈등 상황은 더욱 커질 수 있다.

다음은 문제가 되는 상사의 화법이다.

제시된 상사의 어떤 화법이 문제인지 찾아보고 동료들과 이에 대해 이야기를 나누어 보자.

▶직장의 신 7회 11:50~12:23
▶상황: 생리 휴가를 못 쓰게 하는 상사-당하는 부하 직원
http://www.youtube.com/watch?v=ColTlPrgNiQ&index=3&list=PLE71LmDChJXVtrT7LdpzV3OMJc547GM2L (1:39~2:48)

[동영상 3-2] 문제가 되는 상사의 화법

● 상황2: 민원인과의 의사소통

우리나라 공공 부분의 대표적 감정 노동자[4]는 민원 담당 공무원이다. 이들은

3) 이규태(1999)는 한국인의 의식구조로 열등의식, 서열의식, 상향의식, 집단의식, 체면의식, 공공의식 등을 들면서 서열 의식의 경우 한국인들은 구미의 직장인들과 다르게 상하 서열로 수직적으로 맺어져 있어 윗사람과의 관계가 매우 중요하다고 하였다(오혜경, 2004: 21).

4) 감정 노동에 대한 다양한 정의가 존재하는데 김상구(2008: 3)는 "감정 노동은 고객과의 서비스 교류가 일어나고 있는 동안 자신의 감정을 통제하고 자신의 조직과 사회적으로 바람직해 보이는 특정한 감정을 외적으로 표현하려는 행위"로 정의하고 이에 대한 논의들을 다음과 같이 정리하였다.

정부의 행정서비스를 일선에서 제공함과 동시에 불친절한 고객에 대한 친절의 딜레마를 겪어야 하는 상황에 직면한다. 또한 다양한 주민과의 직접적 서비스 접촉에서 감정을 억제하거나 표정 관리를 해야 하는 경우가 많다(김상구, 2008: 2). 즉 민원 업무를 하는 공무원들은 업무 스트레스 이외에 감정 노동자로서의 고충도 함께 가지고 있다.

민원 업무를 하다보면 여러 어려운 상황들을 겪게 되는데, 이때 위기를 잘 헤쳐 나갈 수 있는 방법 중 한 가지가 바로 시의 적절한 올바른 화법의 사용이다. 민원인들은 공무원들에게 투철한 서비스 정신을 요구하는 경우가 많고 이에 대한 기대치가 높기 때문에 그들과의 소통에 있어서 서비스 정신이 어느 정도 묻어나는, 그러면서도 상대의 마음을 헤아리는 듯한, 진솔한 방식의 화법을 사용해야 한다.

다음은 민원 업무에서 공무원들이 흔히 접하는 상황이다.

제시된 상황에서 공무원의 응대 방식이 어땠는지 평가해 보고, 이럴 경우 어떻게 응대하는 것이 좋을지 의견을 나눠보자.

▶영화 '나는 공무원이다' 1:40~3:46
▶상황: 화가 난 민원인을 상대해야 하는 상황

[동영상 3-3] 민원 업무에서 공무원들이 접하는 상황

Hochschild(1983: 7-8)	감정 관리(managed emotion)가 곧 감정 노동이며 이는 '겉으로 관찰 가능한 얼굴 표정이나 신체적 행동을 만들어 내기 위한 느낌의 관리 또는 공적으로 관찰 가능한 표정이나 신체적 표현을 만들기 위해서 실시하는 감정의 관리'로 정의함.
Morris & Feldman (1996: 987)	고객과의 상호작용을 하는 동안 (노동자가) 조직적으로 요구되는 (규범적) 감정을 표현하기 위해 필요한 수고와 기획, 그리고 통제

2. 직장에서 어떻게 하면 잘 소통할 수 있을까?

1) 직장 내 올바른 호칭 사용

앞서 제시한 두 개의 동영상 중 첫 번째 영상에 나타난 상사의 화법은 다음과 같은 문제점을 지니고 있다.

첫째, 호칭 및 높임법 사용에 있어 문제가 있다. 부하 직원의 이름이나 직급을 부르지 않고 '○○ 언니'라는 부적절한 호칭을 사용하면서 상대의 지위를 다소 격하시키고 있으며 공적인 관계임에도 불구하고 반말체의 종결어미를 사용하고 있다.

둘째, 여성으로서 민감한 문제인 '생리 휴가'에 대해 남자 직원들도 있는 공개적인 자리에서 언급함으로써 개인의 프라이버시를 침해했다.

셋째, 계약직에 대한 비하 발언 등 인격모독적인 발언을 하고 있다.

넷째, 비언어적으로 부하 직원을 무시하는 제스처를 취했는데, 위 아래로 상대를 기분 나쁘게 훑어보면서 비아냥거리는 말투, 지시하는 말투로 시종일관 대화를 진행하고 있다.

상사-부하 직원은 그 관계가 수직적이라고 할지라도, 화법에 있어서는 동등한 직원의 입장으로서 서로를 배려하고 언어적, 비언어적으로 격식에 맞는 화법을 구사하는 것이 중요하다.

앞서 분석한 여러 내용 중 특히 직장 내 호칭의 문제가 매우 민감하면서도 중요한데, 호칭을 결정하는 주요 차원으로 직위와 연령의 차이에서 비롯되는 '권력', '친밀감과 연대감의 여부와 성별의 같음과 다름에서 비롯되는 친숙성(familiarity)'을 들 수 있다(고영종 2006: 56).

그렇다면 직장 내에서의 올바른 호칭은 무엇일까?

2000년대 초반부터 기업에서는 조직의 평등한 관계 형성 및 원활한 소통을 위해 호칭을 파괴하는 정책을 써 왔는데, CJ나 태평양, 씨티은행의 경우 전 직원을 직급에 관계없이 '-님'으로 부르고, 한국 오라클이나 대우조선해양의 경우 '과장, 대리'등의 호칭을 '팀장, 팀원'으로만 구분하였다. 하지만 아직도 기업체, 특히 중소기업이나 보수적 기업에서는 직급이나 호칭을 엄격하게 쓰는 경우가 많기 때문에 아래와 같은 상황에 대해 알아둘 필요가 있다(고영종, 2006: 48).

직위가 없는 청자를 호칭하는 경우

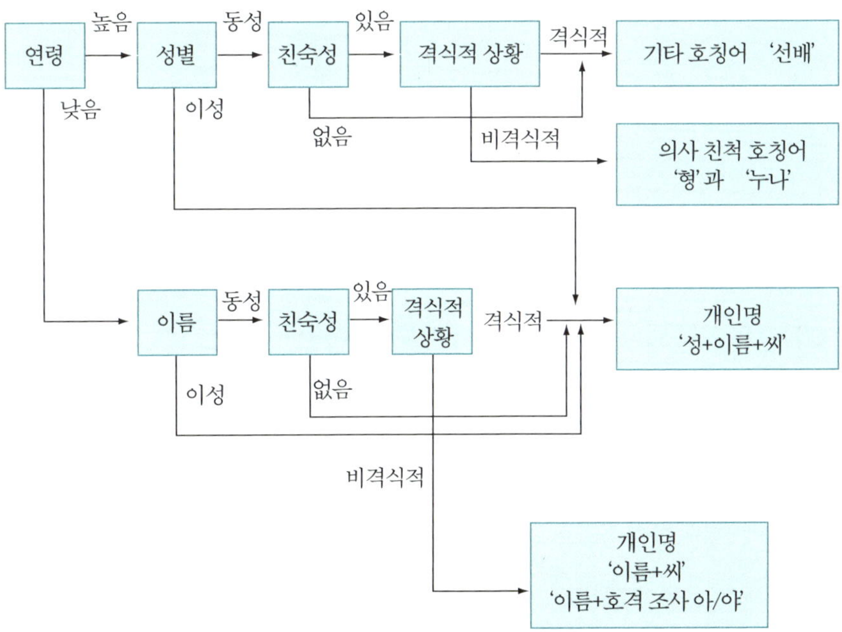

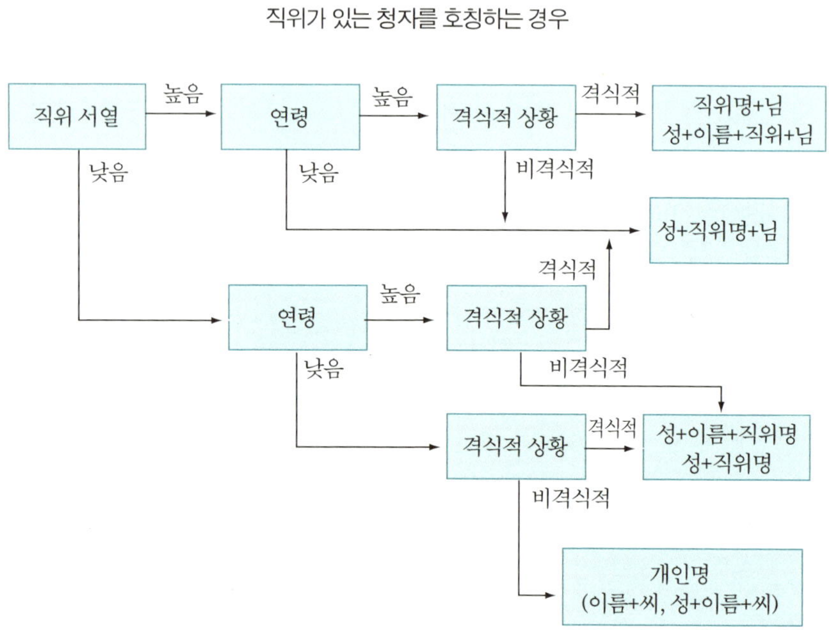

[그림 3-1] 직장 공동체 호칭 선택 순열도

2) 민원인들과의 올바른 의사소통 방법

두 번째 동영상은 흥분하고 화가 난 민원인을 대하는 공무원의 곤란한 상황을 보여주고 있다. 남성 공무원의 경우 평정심을 가지고 민원인의 말도 안 되는 요구나 분노에 대해 형식적으로 응대하고 있으며, 여성 공무원의 경우 처음에는 최대한 예의를 갖춰 응대를 하다가 화를 참지 못하고 민원인과 싸움을 벌이게 된다.

둘 다 바람직하지 못한 응대 방식이다. 물론 이런 당황스러운 상황에서 어떤 방식으로 대응해야 할지 명확한 답을 제시하기 어렵지만 민원인을 응대할 경우 공무원은 서비스적인 마인드를 가지고 서비스 화법을 구사해야 한다.

공무원도 인간인지라 화가 나고 짜증이 날 수도 있지만, 화가 난 민원인의 입장을 한 번 더 생각하고, 그 화나 분노의 원인을 헤아리면서 상대를 최대한 안정시키면서 응대를 해야 한다.

[표 3-1]은 민원인과의 소통 시 주의해야 할 화법이다.

[표 3-1] 바꾸면 좋을 민원인 응대 화법[5)]

좋지 않은 예	좋은 예
뭐라고요?	죄송합니다만, 다시 한 번 말씀해 주시겠습니까?
모르겠습니다.	확인 후 안내해 드리겠습니다.
오래 기다리셨습니다.	기다려 주셔서 감사합니다.
잠시만 기다려주시겠어요?	바로 조치해 드리겠습니다.
요청하신 자료는 없는데요.	요청하신 자료를 찾을 수 있는지 확인해 보고 다시 말씀드리겠습니다.
지금은 해결 불가능합니다.	다른 방법으로 해결할 수 있는지 확인 후 다시 말씀드리겠습니다.
지금 어떤 상황인지 판단이 잘 안 서니까 일단 진정하시고 말씀하세요.	지금 상황을 충분히 이해합니다만 흥분을 가라앉히고 말씀해 주시면 제가 상황을 더 잘 이해할 수 있을 것 같습니다.

[표 3-1]의 화법의 특징을 살펴보면 상대에게 짧은 어절로 요구하는 말을 하기보다는 현재의 상황을 이해시킨 후 부탁하는 화법을 사용하고 있음을 알 수 있다. 또한 부정적인 응대(~불가능하다, ~없다)보다는 다른 해결 방법을 찾아보겠다는 의지를 나타내는 표현을 하고 있다. 그리고 화자 자신의 입장보다는 청자의 입장에서 생각하고 있다는 표현, 즉 상대의 마음을 헤아리고 이에 대해 공유하고 있다는 인식을 심어줄 수 있는 화법을 사용하고 있음을 알 수 있다.

5) 이 표는 『날아라 스튜어디스』, 이태영(2013)의 내용을 참고해서 재구성한 것임.

3. 직장 내 화법에 대한 이론적 설명

1) 감정 노동 화법

'감정 노동(emotional labor)'이란 외적으로 관찰 가능한 표정, 몸짓, 말투 등 감정 관리가 필요한 노동을 의미한다. 감정 노동은 사람을 대하는 일을 수행함에 있어 자신의 감정을 억누르고, 조직에서 바람직하다고 여기는 감정을 드러내기 위해 자신의 감정과는 무관하게 행동하는 노동을 뜻하는 말이다.

한국의 감정 노동자는 약 600만 정도로 추산되고 있는데 사회 전 영역에 걸쳐 작동하고 있는 '갑을 관계'의 정치학 때문에 한국인의 대부분이 감정 노동에 시달린다는 시각도 있다. 여기서 '갑질'이라는 용어가 등장하는데, 이는 갑을 관계에서 '갑'에 어떤 행동을 뜻하는 접미사인 '질'을 붙여 만든 말로, 권력 우위에 있는 갑의 권력 관계에서 약자인 을에게 하는 부당 행위를 통칭하는 개념이다.

지나치게 친절을 강요하는 현대 사회에서 습관적으로 고객에게 친절하고자 하는 사람들은 출근하는 순간부터 자신의 감정과는 상관없이 밝게 웃거나 무표정한 표정을 지어야 하는 감정 노동자(김종진, 2011)이다. 일부 기업에서는 고객에게 눈 맞춤(eye contact)과 무릎을 꿇고 서비스를 제공하는 'puppy dog service'를 강요하기도 한다. 이는 평등한 사회라는 차원에서 볼 때 바람직한 환경을 제공해 주지 못하는 서비스라고 권순희(2012, 25-26)는 언급하고 있다.

2) 유능한 상사의 자질과 리더십 화법

직장 내에서 구성원(상사 & 부하 직원)에게 각각 기대되는 '역할'과 '표현 방법'은 무엇인가? 같은 표현일지라도 각각의 위치에서 받아들이는 의미가 다른 것은 아마도 각기 처한 상황이 다르기 때문일 것이다. 이를 위해서는 서로의 상황을 이해하고, 공감하는 공감능력이 필요하다. 진정한 공감능력이란 무엇일까? 다음 제시한 웹툰은 직장 생활에서 필요한 공감능력이 무엇인지에 대해 생각을 하도록 해 준다.

[그림 3-2] 진정한 공감 능력이란?

문교수: 권력을 잡게 되면 테스토스테론이 분출되고 그것이 도파민이라는 신경전달물질 분출을 촉진합니다. 이것이 사람을 더 과감하고 긍정적이게 만들어 심한 스트레스를 견디게 한다고 합니다. 문제는 과도한 도파민 분출은 공감능력을 떨어뜨리고 실패에 대해 걱정하지 않으며 시야가 좁아지게 한다는 것이죠. 경영자나 임원이나 이점을 항상 조심해야 합니다.

회 장: 음...그래 문교수 말이 맞아.

직원들: 결국 권력을 가지거나 성공하면 시야도 좁아지고 공감능력이 떨어지게 된다는 이야기죠.

직원 1: 맞아 그러니까 직급 올라가면 개구리 올챙이적 생각 못하고 부하직원들 막 괴롭히지.

직원 2: 그러게요. 제가 초년병 때 싫어하던 상사의 모습을 요즘 저한테서 가끔 발견해요.

상 사: 그래 조심해야지. 그래서 난 부하직원들과 회식하면 3차까지 가면서 소통하고 공감하려 노력하고 있지.

☆ 웹툰 〈가우스 전자 : 시즌 2 106화〉

http://comic.naver.com/webtoon/detail.nhn?titleId=335885&no=782&weekday=mon

리더의 성장 잠재력을 결정하는 가장 중요한 요소는 의사 전달 능력 곧 화법 능력이다. 커뮤니케이션 학자들에 의하면 성공적인 리더는 다른 사람을 시켜서 어떤 일을 실현해야 하는데 그 비결은 다른 사람에 대한 건강한 존경심을 가지면서 동시에 언어와 행동을 통해 영향력을 행사하는 것이다(오두범 1994). 리더십은 커뮤니케이션을 통해 발휘되며, 이는 지도력의 원천이라는 것이다(박경현 1997:20).

그렇다면 리더는 어떤 화법을 구사해야 하는가? 박경현(1997)은 현대 사회의 리더의 개념과 정의를 제시하면서 리더는 언어활동에 적극적으로 참여해야 함을 강조하였다. 여기서는 적극적 언어활동 참여 시 유의해야 할 점을 다음과 같이 제시하고 있다.

[리더의 적극적 언어활동 시 유의사항]

- 자기 의견을 단정적으로 말하지 않고 언제라도 남의 의견을 수용하려는 자세로 말하는 것이 좋다.
- 감정에 치우친 말을 하지 않되 완곡하고 부드러운 말로 상대의 감정을 자극하지 않고 협력을 유도해야 한다.
- 자기 생각만을 고집하지 않고 자신이 틀린 경우 이를 인정하는 태도를 지녀야 한다.
- 분명하고 쉽고 간결하게 표현한다.
- 청자에 세심한 관심을 기울이며 메타 인지적으로 말하기와 방법을 조절한다.

직장 내에서 유능한 상사로 인식되는 것도 좋지만, 함께 일하고 싶은 상사로 인식되는 것이 어쩌면 더 기분 좋은 일일지도 모른다. 그렇다면 부하직원이 함께 일하고 싶은 상사는 어떤 특징을 가지고 있을까?

다음은 2012년 취업정보 사이트 스카우트가 20~40대 대학생과 직장인 650명을 대상으로 '가장 선호하는 직장 상사의 혈액형'을 조사한 결과를 바탕으로 한 기사[6)]의 한 부분이다.

혈액형 선호도, "A형인 직장 상사 원한다고?… 마~!"

발표에 따르면 가장 선호하는 직장 상사의 혈액형이 A형(35.3%)인 것으로 나왔다. 신중하고 차분한 성격이 많다는 이유란다. 그 뒤를 이어 밝은 성격의 AB형(29%), 유머 감각이 풍부한 B형(21.6%), 자기주장이 또렷한 O형(13.8%) 순으로 혈액형 선호도가 나타났다.

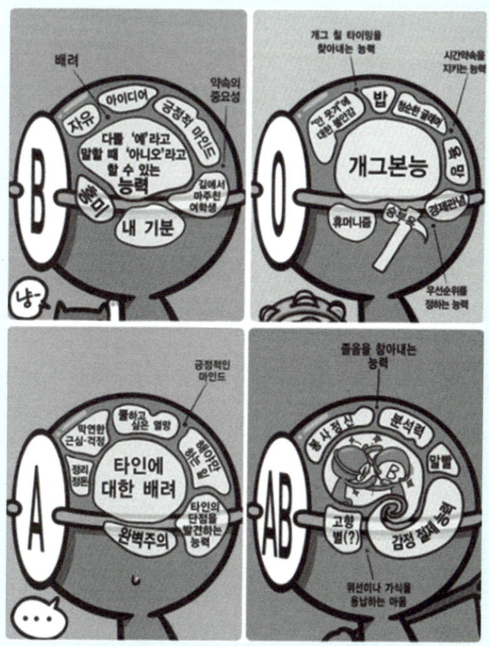

그러나 대부분의 네티즌들은 고개를 가로 저었다. 커뮤니티 사이트에서 일부 네티즌들은 "A형인 직장 상사를 원한다는 것이 안 겪어봐서 그런 것 같다"면서 "세심한 것보다는 속 좁은 것을 보면 혀를 내두른다."고 입을 모았다. 한 경상도 네티즌은 'A형 직장 상사 원한다.'는 결과를 두고 "마~!"라고 말해 웃음을 주기도 했다.

6) 동아닷컴 도깨비 뉴스, 2012년 11월 20일, 11:04:28, 인터넷 기사 발췌 및 수정http://news.donga.com/DKBNEWS/3/all/20121120/50972819/2

혈액형 별로 상사의 전반적인 특징이나 유형을 일반화 하기는 어렵지만 위 기사의 그림에서 보듯이 직장에서 함께 일하고 싶은 상사에 대한 선호도의 기준은 겉으로 보이는 상사의 성향에 기인하는데, 특히 상사의 화법 성향이 중요한 역할을 한다고 볼 수 있다.

3) 명확하게 잘 지시하기

'분노는 낮은 곳으로 흐른다'[7]에 보면 강원도 지방 아라리에 이런 곡조가 있다고 한다.

> "아범은 어멈 치고, 어멈은 아(아이) 치고, 아(아이)는 개 치고, 개는 꼬리 치고"

작가 김형경은 "사랑도 폭력도 낮은 곳으로 흐른다"는 것을 보여주기 위해 이 아라리 대목을 인용했는데, "처음 저 노래를 들었을 때 가장 가슴 아팠던 대목은 '개는 꼬리 치고'였다. 폭력을 당하고도 자신의 생살여탈권을 쥐고 있는 권력자에게 꼬리를 쳐야 하다니, 그 행위에는 얼마나 많은 감정이 섞여 있을까 싶었다."고 쓰고 있다. 인간이 살아가면서 다소간에 불평등한 관계가 자리하는 모든 곳에서는 '분노가 낮은 곳으로 흐른다'는 것이 진리가 될 법도 하다. 조직 사회의 일환인 직장에서도 분노나 화나 짜증은 아래로 흐른다.

직장 생활을 하다보면 업무상의 실수나 혹은 여러 다른 이유로 상사에게 꾸짖음을 받거나 다소 기분 나쁜 지적을 받을 수 있다. 상사로부터 '부정적 피드백'을 들었을 때 어떻게 대응해야 할까?

---

7) 김형경 〈남자를 위하여〉 pp. 142-153의 챕터 제목

다음 영상을 보고 상사에게 부정적인 피드백을 받았을 때 어떻게 해야 하는지에 대해서 생각해 보자.

–미생 5화 中
http://www.youtube.com/watch?v=WRywnmbr_uI : 4초~50초

[동영상 3-4] 상사에게 부정적 피드백을 받는 상황

상사로부터 꾸짖음과 지적을 받지 않기 위해서는 업무에 대한 명령과 지시를 명확히 듣고 상사가 원하는 방식으로 일을 처리해야 한다. 부하 직원의 입장에서는 말을 잘 듣는 것이 필요하고 상사의 입장에서는 명령과 지시를 명확하게 하는 것이 중요하다.

다음 대화에서 직장 상사-부하 직원의 화법은 어떤 문제점이 있는지 생각해 보자.

최 부장: 아니, 그걸 말이라고 해요? 아직도 문서 작성을 못 끝냈단 말이오? 내가 오늘까지 임원들에게 보고를 마쳐야 한다고 말했잖아요!
(최 부장은 흥분한 얼굴로 전한석 씨에게 고함을 질렀다.)
부하 직원: 부장님께서 다른 일이 더 급하다고 하셔서…… 이건 시간이 있는 줄 알고……
(전한석 씨는 기어들어가는 목소리로 대답했다. 부장은 그 말에 더 화가 난 듯 책상을 치며 소리를 질렀다.)
최 부장: 아니, 그걸 말이라고 해? 다른 사람들은 똑같이 지시를 받아서 오늘까지 다들 서류를 제출했는데 왜 자네만 딴소리야?

직장 내에서 상급자의 메시지가 왜곡되기 쉬운 경우는, 애매한 표현으로 명령하거나 누가 무슨 일을 담당할 것인지 정확하게 지시하지 않고 여러 사람에게 두루뭉술하게 지시할 때, 한꺼번에 여러 가지 지시를 내릴 때, 하급자의 수준에 맞지 않는 용어로 지시할 때 등이다(이정숙 2008: 209-210).

상사에게 보고를 잘하는 화법 못지않게, 부하 직원에게 지시를 잘하는 화법도 중요하다. 명령과 지시를 할 때에는 무엇을 어떻게 해야 할지를 자세하게 알려주어야 한다. 즉 보고의 원칙에서 중시하는 5W1H의 기법과 마찬가지로 무엇 때문에(목적), 어떤 것을, 언제까지(기한), 어떻게(방법) 해야 할지에 대해 자세하게 지시하는 것이 중요하다. 상사들 중에서는 이런 것들을 자세히 알려주지 않고 알아서 으레 잘 하겠거니 기대하다가 그렇지 못할 경우 부하직원을 질책하는 경우가 있다. 이를 대비해서 지시를 받는 입장에서도 이런 것들을 세부적으로 확인하는 것이 중요하다.

4) 서비스 화법

서비스 화법에서는 특히 상대방의 말을 잘 들어주고, 상대의 발화에 대한 적절한 '담화 표지'를 사용하는 것이 중요하다. 담화 표지는 대화에서 특정한 역할을 해주는 말로서 일반적으로 내용의 예고, 강조, 요약, 예시, 열거 등의 목적으로 사용된다(예: 중요한 것은, 오늘 배운 내용을 정리하자면, 예를 들자면, 다시 한번 말하자면 등).

서비스 화법에서의 담화 표지는 상대의 말을 잘 들었다는 적극적인 반응일 수 있으며, 상대의 마음이나 상황을 잘 이해하고 있다는 것을 드러내는 역할을 한다는 측면에서 여타 다른 화법에 비해 그 중요성이 더 크다고 할 수 있다.

서비스 담화에서는 상대의 말을 잘 들어주는 것 역시 중요하다. 상대의 말을 건성으로 듣거나, 아무 반응을 하지 않는 태도는 상대와의 진정한 대화를 가로막는 장벽이 될 수 있기 때문에 잘 말하는 것과 더불어 잘 듣는 것 역시 매우 중요하다.

◆ 듣기 유형 평가[8)]

경청하는 요령

1) 상대의 말에 관심을 보인다.(눈 마주침, 표정)
2) 딴 생각을 하지 않고 상대의 말에 집중한다.
3) 이해가 되지 않는 부분을 질문한다.
4) 반응을 보여준다.(맞장구치기, 고개 끄덕이기 등)
5) 이야기 도중에 상대의 말을 끊지 않는다.
6) 대화 도중에 다른 사람과 이야기해서는 안 된다.

잘못 듣기의 유형[9)]

1) 끄덕거리기 형 (그냥 형식적으로 고개만 끄덕거림)
2) 돼지형 (상대의 이야기를 듣지 않고 자기 이야기만 함)
3) 빈 칸 채우기 형 (전체 내용보다는 중간에 한마디 한마디만 기억함)
4) 꿀벌형 (포괄적으로 알지 못하고 자신이 알고 있는 전문 분야나 관련된 내용만 듣는 형)
5) 귀머거리 형 (한마디도 반응하지 않고, 듣기만 하는 형)
6) 창 던지기 형 (잘된 점을 칭찬하기보다는 잘못된 형을 꼬집는 형)

5) 직장에서의 적극적 화법

직장에서는 다른 사람이 자신을 다양한 잣대로 평가하는데 그 중 중요한 것

8) The Speechmarking Process : Raymond S. Ross, 1997: 60-61
9) http://wowspeech.com/lec/listening.asp?id=wa012t

중 하나가 바로 화법의 성향이다. [표 3-2]의 질문들을 살펴보면서 자신은 어떤 유형에 속하는지 생각해 보도록 하자.

[표 3-2] 화법 성향 유형

판단 기준	1유형	2유형
자신이 성공한 이유를 어떻게 말하는가?	자신의 능력 때문이라 말한다.	주변의 도움 때문이라고 말한다.
겸손한가? 잘난 척하는가?	겸손한 사람	자랑하는 사람, 잘난 척하는 사람
사람 중심인가? 일 중심인가?	끼리끼리 서로 감싸주고 편들어주고 밀어주는 문화	자기 일만 묵묵히 하는 사람
자신감이 있는가?	확신에 차서 자신의 능력을 과시하는 사람	자신감 없이 자신의 무능력을 인정하는 사람

직장에서는 화법의 성향이 매우 중요한데, 직설적이고 적극적인 화법으로 자신의 의견이나 주장을 명확히 하는 것이 필요하다.

대표적인 굴뚝산업인 시멘트 업계, 그 중에서도 남성들이 주로 활동하고 있는 영업 분야의 책임자를 거쳐 국내 시멘트업계 최초로 여성 임원에 오른 라파즈 한라시멘트의 전경화 상무의 인터뷰 기사[10)]의 일부이다.

女 직장인, 직설화법으로 말하라

여성 직장인들이 기회를 잡기 위해선 '남성어(語)'를 구사할 줄 알아야 한다는 것이 전 상무의 지적이다. 여성들의 경우 원하는 직위나 업무가 있을 때 우회적으로 요구하는 사례가 많은데 직장 내에선 직설적으로 요구사항을 전달해야 한다는 것이다. 직장 내 결정권자가 대부분 남성인 만큼 우회적인 표현만으로는 정확하게 자신의 의사 전달이 어렵다는 이유에서다.

10) 아시아 경제, 2014년 9월 23일 11: 27분 인터넷 기사 중 발췌.

[표 3-3] 적극적 화법과 소극적 화법

상황	소극적 화법	적극적 화법	분석	활용법
사소한 일로 상사에게 혼남.	• "그동안 내가 얼마나 열심히 했는데 나한테 그럴 수 있어?" • 소심한 복수 • 눈 피하기	• 다 자기 실수라고 하면서 털어버림.	• 적극적 화법은 감정적 에너지를 소비하지 않음. • 소극적 화법은 '사람'에 대한 감정 문제로 받아들임.	• "다음엔 이런 일 없도록 조심할게요. 화 푸세요.~~" • 상대 누그러뜨리기
회의 도중 팀장이 갑자기 화이트보드를 찾음.	• "누군가 하겠지."	• 어디선가 화이트보드를 끌고 옴.	• '행동력'의 문제	• 빠르게 행동해라.
상사가 틀린 정보를 맞다고 주장함.	• "어 아닌데?" • "과장님이 잘못 알고 계신 것 아닌가요?"	• 일단 사람들 앞에서는 맞장구, 나중에 둘만 있을 때 시정해 주기.	• 상사의 위신 세워주기	• 상사의 틀린 정보를 새로운 정보로 접수하는 태도 • 바른 정보에 대한 정보 자료 제공
회의 시간에 지각함.	• 변명과 해명	• "늦어서 죄송합니다. 다음부터는 그러지 않겠습니다."로 끝냄.	• 중요한 핵심은 군더더기 없이 말하기 • 잘못된 점 즉각 사과하기	• 다음부터는 그러지 않겠다고 다짐 • 커피 등을 쏘기.
어제 밤에 지시한 업무를 아침 일찍 요구함.	• 못했지만, 열심히 했음을 중언부언 어필함.	• 아직 못했고 죄송하다고 솔직히 말함.	• 리포트 토크와 라포 토크	• 팩트(fact)를 중심으로 이야기함.
팀장이 회사 생활에 대해 물음	• "어휴 결혼해서 애들 학원비라도 대려면 별 수 있나요?"	• "죽어라고 다녀야죠, 임원 하는 그날까지."	• 조직에 대한 절실함과 간절함 필요	• 회사에서 인정받고 싶은 욕구 노출함.

남녀를 막론하고 직장 내 화법에 있어서 보다 자발적이고 적극적인 모습을 보여주는 것이 중요하다. 직장 내에서 자신의 책임을 다하며 의욕적인 모습으로 성실히 살아가는 모습을 보여주는 데 있어서 '화법'은 행동 그 이상의 중요한 역할을 할 수 있다.

6) 신나는 직장을 만들기 위한 칭찬 화법

직장 내에서는 업무에 대해 지시나 질책을 받는 경우도 있지만 칭찬을 받거나 수고의 성과를 인정받는 경우가 있는데, 이 역시 직장 화법에서 매우 중요한 부분이다. 상대의 수고나 그 성과를 인정하는 과정에서 절대적으로 불리한 상하관계 속에서 오는 불평등이 해소되기 때문이다.

직장 내에서 칭찬을 할 때에는 구체적으로 어떤 점에 대해서 칭찬을 하는지에 대해 언급하는 것이 효과적이다. 그리고 '이번에는 잘 했네요.', '많이 좋아진 것 같네요.', '조금 더 노력하면 더 나아질 수 있을 것 같아요.' 등의 칭찬은 말하는 사람의 뉘앙스나, 듣는 사람의 상황에 따라서 다소 기분이 나쁠 수 있으니 이런 점들은 칭찬을 할 때 주의해야 한다.

직장 내에서 업무에 대해 칭찬을 받거나 수고의 성과를 인정받는 경우 상대의 수고나 그 성과를 인정하는 과정에서 절대적으로 불리한 상하관계 속에서 오는 불평등이 해소되기 때문에 칭찬 화법 역시 직장 내에서 꼭 필요한 화법이다.

취업포털 커리어가 구직자 416명을 대상으로 실시한 설문조사 결과[11]에 따르면 전체의 55.8%가 직장 상사의 특급칭찬으로 '다 자네 덕분이야'를 꼽았다. 직장 선배로부터 듣고 싶은 말로는 '역시 잘해낼 줄 알았어'라는 응답이 29.1%로 가장 많았고, 자네는 기본이 잘 되어있구먼(23.3%), 수고했어요(15.5%), 일찍 퇴근하세요(14.6%), 이전보다 훨씬 발전했어(14.6%), 오늘은 내가 쏜다(2.9%)가

11) The Scoop 매거진(112호), 2014년 10월 15일 09:31:10 인터넷 기사 http://www.thescoop.co.kr/news/articleView.html?idxno=13611

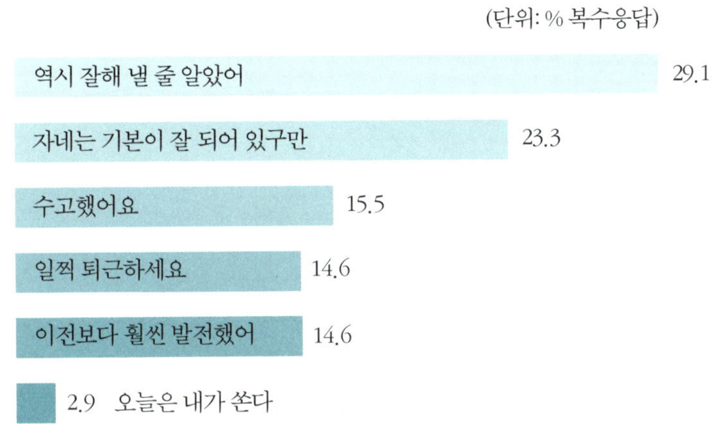

[그림 3-3] 직장 선배로부터 듣고 싶은 말

자료: 커리어

그 뒤를 이었다. 또한 직장 선배가 직장 후배로부터 듣고 싶은 말은 '제가 하겠습니다'가 32.7%로 가장 많았다. 그 밖에 '선배님은 정말 최고십니다(30.8%)' '감사합니다(23.1%)' 등의 답변이 있었다.

4. 직장 내 화법, 마음에 되새기고 실천하기

1) 생각해 볼 문제

[실습 1] 상사에게 들었던 상처 되는 말과 상사(동료)에게 들었던 가장 위로/격려 되는 말은 무엇인지 서로의 의견을 나눠보자.

칭찬

[실습 2] 제시된 상황(민원)[12]에 대해 어떻게 대응할 것인지 예상 응대를 해보자.

민원 상황 제시	예상 응대
"지금 저희 집에 너무 큰 벌레가 들어왔는데요. 이거 곱등이 같은데 너무 커서 잘 못 잡겠어요."	
"지금 화장실 물이 잘 안 내려가서 (막힌 거 뚫는) 솔이 부러져서 안으로 들어갔는데, 빼 주실 수 있습니까?"	
"집 앞 약국 불이 너무 늦게까지 환하게 켜져 있어서 잠을 잘 수가 없어요. 조치를 좀 취해 주세요."	
"집 주차장 앞에 눈 좀 치워주세요."	

12) MBC뉴스, 2014년 10월 24일 4시 51분 인터넷 기사 중 민원 내용 참조.

2) '신나는 직장' 만들기 위한 화법 백서 만들기

여러분이 직장에서 상사 혹은 부하 직원, 동료에게 자주 쓰는 말이 무엇인지 써 보고, 이 화법을 어떻게 변화시키는 것이 좋을지에 대해서 새롭게 써 보자.

내가 자주 쓰는 화법	변화된 화법

3) 마무리 영상

회사에 수익 나봤자, 아이고 의미 없다! 렛잇비 (2014년 8월 17일 17:17~21:55)
https://www.youtube.com/watch?v=A8mXy_4u37I

[동영상 3-5] 직장인들의 애환을 담은 노래

❑ 참고 문헌 및 참고 자료

고영종(2006). 한국 현대 직장 사회의 호칭어 연구, 서울대학교 석사학위논문.

권순희(2012). 대화 분석으로 살펴본 거시적 교육 환경 구축과 화법 태도 교육의 필요성, 한국초등국어교육 50, 한국초등국어교육학회, pp5-34.

김상구(2008). "공공부문의 감정 노동: 일선행정 민원공무원에 대한 실증연구", 2008년 한국행정학회 추계학술대회 자료집, 한국행정학회, pp2-21.

마티어스 뇔케 저, 장혜경 역(2010). 결정적 순간 나를 살리는 한마디 말, 갈매나무.

박경현(1997). 리더의 화법, 대한문화사.

이정숙(2006). 한국형 대화의 기술, 더난출판사.

오혜경(2004). 기업조직의 호칭파괴와 직급폐지, 고려대학교 석사학위논문.

이태영(2013). 날아라 스튜어디스, 시대고시원.

지혜영(2003). 조직 내 구두 커뮤니케이션에 관한 연구, 이화여자대학교 석사학위논문.

영화 《나는 공무원이다》

http://blog.naver.com/ehk1984?Redirect=Log&logNo=220049192502&jumpingVid=43

C1C8F07F7135F9B95A3E18CECAAE499F65

http://www.youtube.com/watch?v=ColTlPrgNiQ&index=3&list=PLE71LmDChJXVtrT7LdpzV3OMJc547GM2L

http://comic.naver.com/webtoon/detail.nhn?titleId=335885&no=782&weekday=mon

http://comic.naver.com/webtoon/detail.nhn?titleId=335885&no=746&weekday=mon

http://tvcast.naver.com/v/140901/list/13481

http://navercast.naver.com/magazine_contents.nhn?rid=2026&contents_id=36066

http://clip.kbs.co.kr/zzim/index.php?markid=2915897

제4장

회의 수행을 위한 화법

1. 일상적인 직장 내 회의 상황
2. 회의가 잘 안 되는 이유
3. 효율적인 회의 수행을 위한 방법
4. 회의 화법, 마음에 되새기기 그리고 실천하기

제4장 회의 수행을 위한 화법

'회의(會議)'라는 단어를 들으면 어떤 장면이나 생각이 떠오르는가? 회의는 왜 하는 것일까? 국어사전상 '회의'의 의미는 '여럿이 모여 의논함. 또는 그런 모임'이다. 그러한 여럿이 모여 벌이는 의논을 통해 얻고자 하는 것이 있다면 '더 좋은 생각과 의견, 혹은 협력을 통한 만족'일 것이다. 우리는 일상생활 속에서 수없이 회의에 참여하고, 회의를 진행하며, 또 다른 사람들이 참여한 회의 결과를 전해 듣기도 한다. 회의는 이미 우리 삶의 일부로 자리 잡았다. 혼자 고민하지 않고 여러 사람의 지혜와 생각을 들을 수 있고 함께 고민할 수 있는 기회로서 '회의'를 제대로 한다면 우리는 직장에서 '일할 맛'을 느끼게 될 것이다.

1. 일상적인 직장 내 회의 상황

상황 1

김 과장: 오늘은 ○○ 정책 홍보 방법에 대해 이야기해 보려고 합니다.

정 대리: 요즘 젊은이들은 SNS를 통한 의사소통이 왕성한 만큼 SNS를 활용해 구전 홍보를 이용해 보면 어떨까요? ○○ 정책이 결국 주민들에 의해 이용되어야 그 효과를 볼 수 있는 만큼 다양한 계층과 성별이 참가할 수 있도록 하면 좋겠어요.

윤 과장: 네. 자신의 SNS에 이 정책에 대한 개인적인 의견이나 후기를 올리는 방법을 사용하되, 좀더 개인적인 체험이 잘 드러나는 스토리를 활용하도록 하면 좋을 것 같아요.

이 대리: 주민들이 많이 이용하는 인터넷 카페나 사이트를 공략하는 것도 방법입니다.

정 대리: 네 맞아요. 요즘 사람들은 한두 개 정도는 자주 이용하는 카페나 사이트를 갖고 있더라고요. 다양한 연령층이나 남녀 모두 즐겨 찾을 만한 사이트나 카페를 찾아서 그런 곳에 홍보를 하면 좋겠네요.

윤 과장: 우리 구청 홈페이지 첫 화면에 홍보 이미지를 넣는 것도 좋을 것 같습니다.

이 대리: 그렇군요. 어차피 인터넷 카페나 사이트에 올리려면 적당한 이미지와 문구를 넣어서 홍보 텍스트를 제작해야 할 텐데 구청 홈페이지에 띄우는 건 그리 어렵지 않을 것 같네요.

안 부장: 흠. (헛기침) 정책 홍보를 하려면 우선 홍보물을 만들어서 돌리는 게 최고지.

(전원 잠시 침묵)

최 과장: 네. 그렇죠. 홍보 인쇄물이나 홍보 책자를 만들어서 도서관이나 지하철 역사에 비치할 수 있습니다. 그렇지만 앞서 정 대리나 윤 과장이 말한 것처럼 홍보 방법에도 나름의 유행이 있어서 우리도 그에 부합해야 할 것 같습니다.

안 부장: (최 과장의 말에 불쾌한 듯 헛기침을 함) 책자보다는 전통적으로 해 오던 인쇄물이 낫지. 비용도 절감되고.

김 과장: 자, 그럼 인쇄물을 만들어 홍보하는 걸로 하겠습니다. 이제 그럼 홍보 인쇄물

<u>구성 방안에 대해 다들 창의적인 아이디어를 제시해 주세요.</u>

(전원 잠시 침묵)

상황 2

웹툰 〈가우스 전자〉
: http://comic.naver.com/webtoon/detail.nhn?titleId=335885&no=552&weekday=mon

질문1: 〈상황 1〉과 〈상황 2〉에 나타난 회의에서 무엇이 문제인지 말해 보자.

질문2: 여러분은 〈상황 1〉과 〈상황 2〉의 회의 참여자 중 누구에 가까운지 생각해 보자.

2. 회의가 잘 안 되는 이유

1) 회의주의자 대 회의주의자의 피해자

직장 내에서 이루어지는 '회의'를 떠올릴 때, 직장인들 머릿속에 떠오르는 생각은 "또 회의야?", "맨날 그놈의 회의……", "회의할 시간에 차라리 자료를 찾는 게 낫지."와 같은 것들이다. 회의주의자라는 말을 알고 있는가? '틈만 나면 별 의미 없는 안건으로 회의를 소집하는 사람'을 가리키는 신조어이다. 혹시 당신은 회의주의자는 아닌가? 혹은 회의주의자와 함께 근무하는 피해자이지는 않은가?

다음 노래 가사는 드라마 '시크릿 가든'의 ost '그 남자'를 패러디한 '그 회사'이다.

> 한 회사는 오늘도 야근합니다. 그 회사는 열심히 일만 합니다.
> 매일 그림자처럼 그대를 따라다니며 그 회사는 회의를 하고 있어요.
> 얼마나 얼마나 더 일을 이렇게 빡세게 하며 맨날
> 이 바람 같은 오티 이 거지 같은 제안 계속해야 니가 나를 월급 주겠니
> 조금만 일찍 가자 조금만 하루 칼퇴하면 이틀 철야하는
> 늘 일만 하는 난 지금도 피곤해서 이렇게 졸니다. (하략)

한 주의 시작을 '회의'로 여는 직장이 많으며, '회의'로 점철되는 직장인들의 삶이 우리 사회에서 낯설지 않다. 그런데 직장 생활에서 많은 비중을 차지하는 '회의'에 대해 직장인들이 갖는 이미지나 고정관념은 '비생산적인 시간 낭비, 상사 및 동료 앞에서 끊임없이 평가당하는 시간' 등이다. 직장에서 회의에 쏟는 시간이 적지 않은데, 그런 회의가 비효율적으로 진행됨에 따라 직장인들의 스트레스가 높아지고 있다. 인크루트에서 직장인 764명을 대상으로 한 설문조사에 따르

면, 회의로 인해 스트레스를 받느냐는 질문에 '매우 그렇다'가 26.8%, '다소 그렇다'가 39.0%로 나타나 직장인의 65.8%가 회의로 인한 스트레스에 시달리고 있음을 확인할 수 있었다.[1)]

문항) 회의 때문에 평소 스트레스를 받으십니까?

구분	응답수	비율
매우 그렇다	205	26.8%
다소 그렇다	298	39.0%
보통이다	169	22.1%
별로 그렇지 않다	81	10.6%
전혀 그렇지 않다	11	1.4%
계	764	100%

그렇다면 직장 내 회의의 효율을 방해하는 요인이나 환경에는 어떤 것이 있을까? 회의로 인해 직장인들이 스트레스를 받는 이유를 살펴보면, '회의 내용이 최종 결정에는 반영되지 않는다', '회의가 너무 잦다', '좋은 의견을 내야 한다는 압박감을 느낀다', '회의 시간이 너무 길다'는 것이 차례대로 1~4위를 차지한다. 이를 통해 현재 직장에서 이루어지는 회의의 특성을 기술해 보면, 회의 개최 횟수 및 시간 등에 비해 회의 결과의 질이 보장되지 않으며, 회의 참여자들이 의견 교환과 공유를 통해 새롭고 창의적인 의견을 생성해 내는 경험을 촉진하기보다는 개인이 '좋은 의견'을 제시할 것에 대한 부담이 존재하며, 설령 구성원들 간에 활발한 회의가 진행되었다 하더라도 그것이 최종적인 의사 결정에 적극적으로 반영되지 못하고 있음을 알 수 있다. 이는 곧, 회의에 참여하는 구성원들이 '생산적이고 긍정적인 회의 기능 및 효과'를 경험하지 못하고 있다는 말이기도 하다. 그로 인해 구성원들이 회의에 대해 거부감을 느끼고, 회의가 비생산적으로 이루어지는 악순환이 나타난다고 해도 과언이 아니다.

1) 본고에서 인용한 인크루트의 직장 내 회의에 관련된 설문 조사 자료의 출처는 다음과 같다.
http://people.incruit.com/news/newsview.asp?gcd=10&newsno=761490

문항) 회의로 인해 스트레스를 받는 주된 이유는 무엇입니까?

구분	응답수	비율
회의가 너무 잦아서	158	20.7%
회의 시간이 너무 길어서	110	14.4%
회의 내용이 최종 결정에는 반영되지 않기 때문에	166	21.7%
좋은 의견을 내야 한다는 압박감 때문에	114	14.9%
다른 직원들의 의욕과 준비, 참여도가 낮아서	51	6.7%
회의 시간에 상사로부터 질책을 당해서	74	9.7%
회의 시간에 내 의견이 받아들여지지 않아서	21	2.7%
특정한 목적이 없는 불필요한 회의라서	27	3.5%
기타	43	5.6%
계	764	100%

2) 회의가 효율적으로 이루어지지 않은 원인

원인 1. 회의가 '집단 공동의 의사결정 도구'라는 인식이 부재하다.

'집단 공동의 의사결정 도구'로서 회의를 활용한다는 것은 곧, 그 집단 구성원들 공동의 문제 해결 능력에 대한 믿음을 바탕으로 상호 간의 논의를 통해 도출한 결론을 최종적인 의사결정에 반영한다는 실행을 전제로 한다. 이때 공동의 의사결정을 수행하는 것은 A와 B가 원래 가지고 있던 생각이나 의견이 존재하지만 그들이 회의장에서 도출한 'A+B'의 생각이나 의견이 만들어질 수 있고, 후자가 더 생산적이거나 새로우며 효율적일 수 있는 가능성을 인정하기 때문이다. 그러나 회의의 특성을 여러 주체들이 대화를 통해 생성해 내는 '새로운 생각이나 의견'이 아니라 단순히 여러 사람들이 '모여 있다' 혹은 '모여 이야기를 나눈다' 정도로만 간주한다면, 이는 복수의 사람들이 나누는 대화일 뿐이다.

실제 직장에서는 상사 혹은 최종 승인권자들의 의견을 중심으로 회의가 진행되고 그 결과가 결정되기도 한다. 이럴 경우 상사는 '회의'를 수행한 것이 아니라, '업무 지시' 혹은 '업무 내용 하달'을 한 것에 불과하다. 물론 회의의 개념폭이 넓다 보니 이러한 '업무 지시' 등도 회의의 한 유형이기는 하다. 그러나 직장에서 이루어지는 회의가 '업무 지시'의 장으로 '만' 기능하고 있다는 사실은 곧 새로운 의견을 생성하고 도출하는 장으로서의 기능해야 하는 회의의 본질이 제대로 실현되지 못하는 현실을 반영한다.

또한 회의에서는 성급하게 하나의 안을 선택하거나 최종 결정 내리는 것을 피해야 한다. 사안이 시급할 경우 일정한 논의를 거친 후 다수결 원칙에 입각하여 특정한 안이나 해결방안으로 결정을 내릴 수 있지만, 모든 회의의 '마지막 단계'가 반드시 최종 의사결정이어야 하는 것은 아니다. 최종 의사결정에 대한 압박은 여러 참여자들이 새로운 생각이나 해결 방안을 찾으려는 탐색에 대한 노력을 저해할 수 있음을 기억해야 한다.

원인 2. 모든 구성원들의 자유로운 의사 개진을 장려하기 위한 인식 및 역할 수행이 부재하다.

먼저, 모든 구성원들의 자유로운 의사 개진을 장려하려는 인식이 부재한 것에 대해 다룬다. 직장인들의 회의에 대한 인식 속에는 '말을 아낄수록 생존 확률이 높다'라는 내용이 포함되어 있다. 회의에 적극적으로 참여할수록 타인으로부터 비판적 평가를 받을 확률이 높고 또 회의 참가로 인해 부가적인 업무를 떠맡게 될 가능성도 존재하기 때문이다.

회의에서 모든 구성원들은 '동등하게' 논의에 참여할 책임을 부여받고, 또한 '동등하게' 논의에 참여할 자유를 누려야 한다. 그러나 직장에서 직급이나 연령 등에 따른 차별적 지위를 회의에서도 유지하고자 하는 사람들이 있다. 어떤 회의 참여자의 경우(특히 상사일 경우) 적극적으로 의견을 개진하고 다른 의견을 평가하는 역할을 수행하기보다, '방관자' 혹은 '감독자', 혹은 '(독단적) 의사결정자'의 역할을 수행하려고 한다.

일반적으로 회의 참여자들은 의견 개진 시 가해지는 비판적인 의견 및 평가를 두려워한다. 대체로 회의에서 구성원들의 의견이 개진되자마자 '좋다/나쁘다, 실효성 있다/없다, 효율적/비효율적이다, 새롭다/진부하다' 등의 즉각적 평가가 뒤따른다. 활발한 의견 개진이 이루어지기 위해서는 '즉각적인 평가'보다는 '평가를 연기하는 방법'도 필요하다.

의견 개진 시 그와 관련된 입증의 부담 및 추가적 자료 조사의 부담이 의사 개진자에게 주어지기도 한다. 회의는 여러 참여자들의 협력적인 사고 및 의사결정 과정이어야 한다. 그런데 회의에서 적극적으로 의견을 개진하여 참여한 사람이 '일을 떠맡는' 일도 비일비재하다.(예: "이대리가 말하는 거 보니까 00에 대해서 제일 많이 알고 있는 것 같네. 그럼 한번 자네가 맡아서 준비해 보게. 다음 주까지 PT 자료 만들어 와.") '가만히 있으면 본전이나 챙긴다'가 직장인들의 신조가 되는 한 '시너지를 만들어내는 생산적인 회의'는 불가능하다는 사실을 기억해야 한다.

다음은 모든 구성원들의 자유로운 의사 개진을 장려하기 위한 역할 수행 부재에 대한 것이다. 회의는 기본적으로 동등한 의무와 자유를 가졌다고 전제되는 참여자들이 적극적으로 의견과 평가를 공유하는 담화이지만, 집단 의사소통의 본질상 내용적, 형식적, 감정적 갈등이 발생할 가능성이 존재하므로 공식적으로 사회자 역할을 지정하기도 한다. 혹은 자연스럽게 누군가가 갈등을 조율하고 중재하는 역할을 맡기도 한다. 효율적인 의사 결정, 생산적인 의사 결정이 이루어지는 집단에는 이와 같이 자유로운 의견 공유를 촉진하고, 구성원 간에 발생할 수 있는 갈등을 조율하는 역할을 수행하는 사람이 있게 마련인데, 그렇지 못할 경우 회의가 원활하게 진행되지 않을 수 있다.

집약적 회의		방만한 회의
회의 목적과 회의 문제에 대해 잘 알고 있으며 회의 준비가 철저하게 된 참여자	대	회의 목적과 회의 문제에 대해 잘 알고 있지 못하며 회의 준비를 충실히 하지 못한 참여자
총 4인		총 10인
1시간		2시간

원인 3. 준비되지 않은 참여자가, 회의 시간 및 목적 등이 분명히 규정되지 않은 회의에 참여하고 있다.

두 유형의 회의 중 어느 회의에 참여하고 싶은가? 사람은 적지만, 충분히 준비된 참여자들이 주어진 시간 내에 효율적으로 논의할 수 있는 회의는 '집약적 회의'일 것이다. 많은 사람들이 선호하는 '집약적 회의'의 특성에 비추어 직장 내 회의에서 발견되는 일반적인 문제들을 확인해 보겠다.

첫째, 회의에 대한 준비 없이 회의에 참여하는 경우가 많다. 이럴 경우 회의장에서 '준비되지 않은' 참여자를 위하여 문제 파악부터 원인 탐색 등에 많은 시간을 들여야 하며, 이는 '준비된' 참여자들에게 지루함을 유발할 수 있으며 이러한 비생산적인 시간 안배로 인해 회의가 길어지기도 한다.

직장인들이 준비 없이 회의에 참여하게 되는 문제는, 비단 직장인 개인의 무능함이나 성실하지 못함 때문만도 아니다. 회의를 소집하는 사람이나 그 직장의 회의 문화의 문제와도 관련된다. 별다른 정보나 전문적 지식이 없는 참여자들에

문항) 직장 내 회의의 가장 큰 문제점은 무엇이라고 생각하십니까?

구분	응답수	비율
무조건 회의부터 하고 보는 회의 지상주의	135	17.7%
개인 혹은 몇몇의 독단적인 진행	78	10.2%
남의 말을 귀담아 듣지 않고 자기 고집만 세우는 참가자	72	9.4%
장황하게 시간만 길어지고 결론은 나지 않는 회의	213	27.9%
의견에 부정적인 비판만 제기하는 참가자	20	2.6%
준비 없이 참가해 의사결정에 도움이 안 되는 참가자	58	7.6%
지시, 보고만 하는 형식적인 회의	137	17.9%
회의에서 결정된 사안이라도 실제 반영되지 않는 것	48	6.3%
기타	3	0.4%
계	764	100%

게 '다양한 전문적 안건'에 대해 원인 분석-해결책 제시까지 요구하는 것은 무리이다. 준비 없이 참가하여 별다른 기여를 못할 것으로 예상된다면 그 사람은 애초에 회의 참여자로 소집되지 않는 것이 적절하다.

둘째, 회의 목적을 분명히 하지 않을 때 '회의 주제'와 관련된 이런저런 모든 이야기들이 논의된다. 이는 회의에 소요되는 전체 시간이 지나치게 길어지는 것과 불가분의 관계에 있다. 회의를 소집하는 측에서는 회의를 통해 얻을 수 있는 것이 무엇인가를 분명하게 예측하고, 다수의 의견과 다수가 모임으로써 얻을 수 있는 시너지가 회의를 소집하는 비용보다 크다고 확신할 때만 회의를 개최해야 한다. 단순히 정보를 전달하거나 업무를 하달하기 위한 상황이라면 회의를 할 필요가 없다는 사실을 명심해야 한다.

3. 효율적인 회의 수행을 위한 방법

1) 회의의 개념에 대한 이해

회의는 공동의 문제에 대해 최선의 해결 방안을 찾기 위해 협력적으로 의사소통하는 담화 장르이다. 회의는 다수의 횡포를 예방하고 소수의 독재를 막으면서, 반면에 소수의 의견을 존중하고 다수의 합리적인 의견을 도출해 내는 방법이라 할 수 있다(정권용, 2003: 1). 직장 내에서는 정보 공유, 문제-해결, 의사결정 등을 위해 여러 구성원들이 의견을 나누어야 하는 경우가 많은데, 이러한 공동의 의사 결정은 구어/문어 의사소통을 통해 이루어질 수 있다.[2)]

회사원의 경우 일반적으로 업무 관련 회의를 빈번하게 진행하게 된다. 특정한 사업이나 정책을 시행하기 전에 '어떻게 도입할지/운영할지'에 대한 의견을 묻는 회의, 특정 업무를 맡고 있는 담당자가 해당 업무 진행 경과를 보고하고 향

2) 회의 안에 '문어 의사소통'을 포함시킨 것은 최근에 메신저 등을 이용하여 회의를 진행하거나, 이메일을 통해 문서를 회람시킴으로써 공동의 의사결정을 진행하기도 하는 상황을 반영하기 위함이다.

후 진행 방향을 결정하기 위한 회의, 특정한 사업이나 정책을 시행하기 전에 주민들이나 관련 전문가들로부터 의견을 듣고 그 의견을 조정하고 종합해야 하는 공청회 등이 이에 해당한다.

2) 회의의 목적에 대한 합의

회의 담화의 목적은 ① '문제에 대한 이해', ② '문제-해결', ③ '의사결정' 세 가지로 나눌 수 있다.

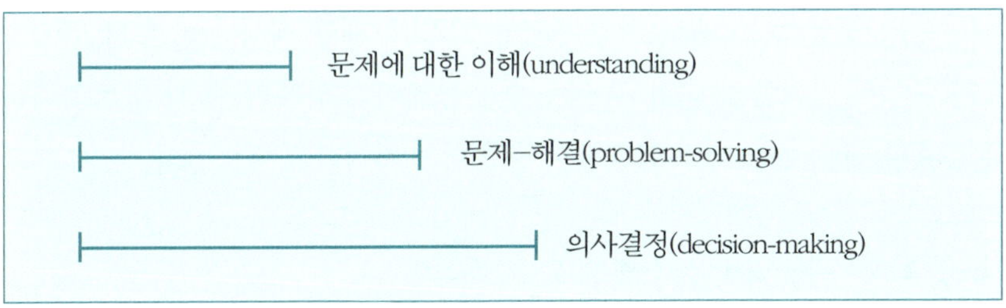

[그림 4-1] 회의 담화의 목적(최영인, 2007: 21)

① '문제 이해'를 목적으로 하는 경우 참여자들이 현 상태에서 변화가 필요한 문제 상황, 혹은 구성원에게 새로운 사안 등에 대해 정보를 공유하는 것이 주가 된다. '○○ 민원 정책의 문제점은 무엇인가' 혹은 '새로 도입한 OS와 관련한 사원들의 평가는 어떠한가'와 같은 주제에 대해서, 참여자들은 서로의 정보와 의견을 나눔으로써 문제에 대한 이해를 높인다.

② '문제-해결'을 목적으로 하는 회의에서는 이러한 문제 분석에 더하여 실질적인 해결안을 모색하게 된다. '전력난을 대비한 효과적인 절전 대책 마련'과 같은 주제의 경우, '전기 소모가 많았던 원인'에 주목하는 문제 분석을 충분히 실시한 후, 이를 바탕으로 하여 문제의 해결 방안인 '절전 대책'을 모색해야 한다.

③ '의사결정'을 목적으로 하는 회의에서는 문제 분석과 해결 방안 모색을

바탕으로 가장 합리적이라고 판단되는 해결안을 최종적으로 선택하고 해결 방안 실행을 위한 구체적인 계획을 수립한다.

3) 회의 절차(의사소통 단계)에 대한 공유

가우란과 히로카와(Gouran & Hirokawa, 1983)는 듀이(Dewey)의 초기 연구에 기초를 두어, 효과적 집단 의사결정을 위해 반드시 필요한 기능적 단계로서 '집단 구성원들이 직면한 문제 상황을 검토 → 의사결정 과정의 목표와 목적(goal and objective)을 구체화 → 무엇을 선택할지에 대한 대안의 범위를 확인 → 대안들의 긍정적이고 부정적인 결과를 평가' 단계를 제시한 바 있다. 가우란과 히로카와는 각 기능들의 순서 및 정도가 유동적이긴 하지만, 효과적 토의 수행을 위해 중요한 것은 필수 기능 단계들이 충족되는 것이라고 설명한다.

[표 4-1] 회의를 위한 의사소통 단계 및 필수 단위화제

의사소통 단계	필수 단위화제
문제 규명	문제 정의 내리기, 문제 범위 확정하기, 문제와 관련된 정보 공유 및 탐색하기 등
문제 분석	문제의 지속성, 심각성, 문제의 원인 및 역사적 배경 등
기준 확립	해결안을 평가할 기준 열거, 해결안을 평가할 기준 선택 등
해결안 생성 및 평가	다양한 해결안 제시, 해결안 평가하기[평가 기준 예시: 해결안의 실현 가능성, 문제해결 가능성, 효용성(이익과 불이익) 등]
최선의 해결안 선택	다양한 해결안의 가능성 정리, 참여자들의 의견을 반영하여 해결안 선택 등
해결안 실행 방안 모색	해결안 선택에 따른 영향, 해결안 실행을 위해 필요한 조건 모색, 해결안 실행을 위한 계획 수립 등

[표 4-1]에 제시된 '의사소통 단계'는 문제-해결을 지향하는 사고의 흐름을 반영한 것이다. 회의 상황에 따라 특정한 단계를 생략, 축소할 수도 있으며, 따로 배부한 회의 자료를 통해 일부 단계를 대체할 수도 있다. 대체로 각 단계의 초반

에는 '자유롭게, 비평가적으로' 발언하고 듣도록 하고, 각 단계의 후반부에 종합하고 결정하는 것이 좋다.

회의에 참여하는 구성원들은 모두 일반적인 회의 진행 단계를 숙지하고 있어야 한다. 다루는 논제의 성격에 따라 문제 규명-해결안 생성을 넘나드는 것과 같이 융통성 있게 단계 진행을 조절할 수 있지만 해당 집단의 회의 진행 효율을 높이기 위해서 비교적 고정적인 의사소통 단계를 마련하는 것도 필요하다.

4) 효율적 회의를 위해 필요한 역할 수행

회의 안건의 성격이나 특성에 따라 사회자(진행자)를 정하거나 정하지 않을지를 결정하며, 녹음/녹화 장치를 이용하여 서기 역할을 대신할 수 있기 때문에 서기의 역할도 유동적이다.

[표 4-2] 회의 수행을 위한 역할

사회자	회의 참여자들이 생산적으로 주어진 회의 논제(문제)에 대한 해결 방법이나 결론 등을 제시하고, 공동의 해결 방법이나 결론을 찾도록 하는 과제 해결의 의무와 모든 회의 참여자들이 참여하고 그 과정과 결과에 만족할 수 있는 회의 분위기를 형성하고 유지시키는 의무를 지닌다. 직장 내에서 진행하는 회의의 경우 직급에 따라 혹은 업무에 따라 사회자 혹은 진행자가 결정되는 경우가 많다.
회의 참여자	회의 논제(문제)에 대해 사전 지식을 갖추거나 미리 해결 방안 등을 고민해 보고, 실제 회의에 임하여 다른 사람들과의 의견 차이 속에서 '공동의 해결 방안'을 탐색해 가는 역할을 수행. 다른 사람의 이야기를 경청하여 듣고 타인의 의견을 존중함. 회의 참여자들 간 의견의 '차이'를 줄이기 위해 협력적으로 사고함. 언어 예절을 갖추어 회의에 참여하며, 사회자의 요구나 회의 규칙을 준수함.
서기	회의 내용을 기록하는 역할을 한다. 회의 안건을 중심으로 논의된 내용을 중심으로 정리하기도 하고, 회의가 진행된 시간의 흐름에 따라 참여자들의 발언 내용을 정리하기도 한다. 회의에서 언급된 모든 내용을 빠짐없이 기록하기보다 주요 사안이나 쟁점을 중심으로 기록하고 이를 공유하는 것이 중요하다.

한 집단 내에서 반복적으로 회의를 진행할 때, 그 역할을 고정시키기보다 역할을 교체해 가며 회의를 진행하는 것이 좋다. 이는 모든 구성원들이 회의에 적극적으로 참여할 수 있는 가능성을 높인다.

회의 & 리더십

바지(Barge, 1997)는 의사소통 상황에서의 리더의 유형 및 역할을 두 가지로 설명한다. '임명된 리더(appointed leader)'는 한 집단에서 공식적으로 지정하거나 외부에서 투입된 대표이다. 이와 달리 집단 내에서 공식적으로 지정하지 않았지만 리더십 지위를 스스로 창출하는 사람을 '출현하는 리더(emergent leader)'라고 한다(Barge, 1997: 208). 사회자를 지정하지 않은 소집단에서는 의사소통이 진행됨에 따라 집단의 필요에 부응하여 사회자 역할을 수행하는 사람, 즉 '출현하는 리더'가 나타나는 것을 볼 수 있다.

'직장에서의 리더, 그리고 회의와 관련하여 다음과 같은 두 가지 질문에 대한 답을 한 번 생각해 보자.'

- 직장 내에서 이루어지는 회의는 '임명된 리더'만을 원하는가? '출현하는 리더'도 필요한가?
- '출현하는 리더' 역할을 수행하는 데 가장 중요한 특성, 조건, 덕목은 무엇인가?

5) 회의 시 필요한 언어 기능(발화 유형) 숙달

원칙		언어 기능
① 회의 목적을 분명하게 규정하라.	→	회의 목적을 규명하고 확인하는 언어
		회의 목적에 비추어 회의 진행을 점검하는 언어
② 자신의 의견 및 평가를 정확하고 적절하게 표현하라.	→	의견 및 해결 방안을 개진/제시하는 언어(의견+이유, 근거)
		의견 및 해결 방안을 평가하는 언어(기준+평가 결과)
		의견 및 해결 방안에 대해 비판하는 언어
③ 차이와 갈등을 확인하고 줄여나가라.	→	의견 및 해결 방안의 차이를 규명하는 언어
		의견 및 해결 방안의 차이, 갈등[3]을 조정하고 조율하는 언어
		의견 및 해결 방안의 통합을 모색하는 언어
		다른 사람의 이해 정도, 동의 정도를 확인하는 언어
		의견 수렴, 의사결정, 합의를 유도하기 위한 언어
④ 개방적이고 자유로운 분위기를 유지하라.	→	적극적 듣기의 가치를 인정하고 이를 촉진하는 언어
		집단 의사소통의 가치와 특성을 인정하는 언어
		의견 및 해결 방안의 가치를 인정하는 언어
		회의의 단계를 진행하는 언어

3) 집단 의사소통에서 발생할 수 있는 갈등 양상을 그 원인에 따라 분류하면, 내재적 갈등(substantive conflict), 정서적 갈등(affective conflict), 절차적 갈등(procedural conflict)으로 나눌 수 있다.

6) 효율적 회의 진행을 위한 점검 목록

(1) 말차례 배분을 점검하라

① 말차례 배분과 회의 구조

회의 담화가 얼마나 균형적으로 이루어지고 있는가를 점검하려면, 회의 참여 구조를 파악하고 이에 대해 평가하는 과정을 거쳐야 한다.

회의 참여 구조는 형식적 참여 구조와 내용적 참여 구조로 이루어진다. 참여 구조는 참여자들의 누적된 발언량과 발언 내용을 근거 자료로 하여 구성되는 것으로서, 참여자들의 발언 빈도 및 참여자들 간 대립 관계 혹은 친화 관계에 관한 정보를 포함하는 의사소통 관계망이다. 참여자들이 발언할 때, 그 발언에 대해 양적 · 질적 측정이 이루어진다. 형식적 참여 구조를 파악하기 위해서는 발언의 횟수 및 지속 시간을 통해 발언권 배분의 정도를 분석하고, 비판이나 반론을 제기하는 양상 및 상호작용 빈도를 분석해 참여자들의 대립 정도를 분석한다. 내용적 참여 구조를 파악하기 위해서는 참여자들이 어떤 관점, 입장, 태도를 갖고 있는지를 질적으로 분석해야 한다.

참여자들 간 발언권 배분 및 입장의 구조를 분석하기 위해 회의 참여자가 활용할 수 있는 반성적 질문 목록은 다음과 같다(최영인, 2007: 82-83).

- 발언 기회가 균형 있게 배분되고 있는가?
  → 발언 참여에 있어 주도적인/소극적인 참여자가 있는가?
- 다양한 입장들이 제시되고 있는가?
  → 참여자들에 의해 제시된 다양한 입장들을 충분히 이해했는가?
  → 참여자들이 개진한 의견이나 내용이 특정한 방향에 치우치지 않았는가?
- 입장 및 의견에 있어 참여자들 간에 친소관계가 형성되었는가?
  → 문제 분석에서 비슷한/대립적인 입장 및 의견을 공유하는 참여자들은

누구인가?

→ 해결안 모색 및 평가에서 비슷한/대립적인 입장 및 의견을 공유하는 참여자들은 누구인가?

② 회의에서 말차례 얻기와 넘겨주기

- 말차례를 가진 사람은 발언을 하면서 다른 사람이 발언할 의사가 있는지를 잘 살핀다.
- 말차례를 넘겨주고자 할 때는 확실한 표지(충분히 쉬거나, 고개를 돌려 말할 사람을 찾거나)를 주며, 다음 말차례를 넘겨받을 사람이 나타나지 않을 때는 "이에 대해 의견 말씀하실 분 안 계신가요?", "제 의견에 대해 일단 담당자이신 김 과장님 말씀 먼저 들어보고 싶습니다."와 같이 다음 발언자를 지정할 수 있다.
- 한 사람이 지나치게 말을 많이 하고 있을 때, "그 부분에 대한 최 대리 말씀 잘 들었습니다. 다른 의견도 있을 것 같아서 들어보고 싶습니다.", "그 안건에 대해서는 좀 번거롭더라도 각자의 의견을 정확하게 들어볼 필요가 있을 것 같습니다. 저부터 시작해서 오른쪽으로 한 분씩 돌아가며 의견 이야기하면 어떨까요?"

• 말차례의 개념

말차례(turn)는 한 참여자가 한 번의 말할 기회에 수행한 발화의 총체라 할 수 있다. 두 사람이 대화한다고 할 때, 한 사람이 말을 시작하여 상대에게 발언권을 넘기기 전까지 한 말 전체를 의미한다.

• 말차례를 넘길 때의 규칙

색스 · 세글로프 · 제퍼슨(Sacks, Schegloff & Jefferson, 1974)에서는 대화에서 말차례 취하기가 나름의 체계성을 갖추고 일정한 규칙 하에 진행됨을 주장하였다. 그들이 제시한 말차례 취하기 규칙(turn-taking rules)은 크게 말차례 구성 부분(turn-constructional component)과 말차례 할당 부분(turn-allocational component)로 이루어져 있다. 전자는 말차례의 전이(transfer)가 자연스럽게 이루어질 수 있는 통사 단위를 규정하는 것으로, 문장이나 절, 구 또는 어휘 등을 단위로 하여 이런 단위가 끝난 지점이 '교체 적정 지점'이며, 이 지점에서 말차례 교체가 자연스럽게 이루어질 수 있다.

후자는, 교체 적정 지점에서 이루어지는 대화 참여자들의 상호작용 및 협상과 관련된 규칙이다. 규칙1) 어떤 말차례 교체 적정 지점에서 적용되는 규칙은 다음과 같다. (a)만일 현재의 화자가 다음 화자를 선택하고 나면, 현재 화자는 말하기를 멈추어야 하며, 다음 화자가 말을 해야 한다. 말차례가 바뀌는 것은 다음 화자를 선택한 다음 처음 나타나는 교체 적정 지점에서 일어난다. (b)만일 현재 화자가 다음 화자를 선택하지 않으면, 대화 참여자 가운데 누구라도 다음 화자로 나설 수가 있다. 제일 먼저 나선 화자가 다음 말차례에 대한 권리를 갖는다. (c)만일 현재 화자가 다음 화자를 선택하지 않고, 다른 사람이 아무도 나서지 않으면, 현재 화자는 말을 계속할 수 있다. 그러나 반드시 그래야만 하는 것은 아니다. 규칙2) 다음에 계속 이어지는 모든 교체 적정 지점에서 적용된다. 현재 화자에 의해 규칙 1(c)가 적용되면, 다음 교체 적정 지점에서 규칙 1(a)-(c)가 적용되고, 또 다음 교체 적정 지점에서 순환적으로 적용되는데, 이 순환은 화자가 바뀔 때까지 적용된다(이창덕 외, 2010: 221).

(2) 회의 목적에 따라 필요한 회의 기법을 점검하라

회의에 필요한 사고와 의사소통의 효율성을 높일 수 있는 회의 기법들에 대해 알아보고자 한다. 모든 회의의 효율성을 높일 수 있는 만능열쇠 같은 회의 기법이 존재하지는 않지만, 회의 진행자 혹은 회의 참여자들이 회의 목적이나 안건에 따라 어떤 종류의 집단 사고가 필요한지에 대해 예상할 수 있다면, 그에 적합한 회의 기법을 도입해 보는 것도 도움이 된다. 이러한 회의 기법으로는 여섯 색깔 모자 기법, 브레인스토밍 기법, 브레인 라이팅 기법 등이 있다.

회의 목적과 상황에 따라 다르게 적용할 수 있겠지만, 회의 단계별로 필요한 '언어 기능'들을 지정하고, 각 단계별로 모든 구성원들이 해당 언어 기능에 적절한 사고와 표현만을 진행할 수도 있다. 예를 들어, '여섯 색깔 모자 기법'을 적용할 경우 구성원들은 일정 시간 동안은 '데이터와 자료를 통해 입증할 수 있는가 여부를 중심으로 사고하고, 그러한 데이터와 자료를 통해 입증할 수 있는 내용을 표현하고', 또 일정 시간 동안에는 '제안된 아이디어와 관련된 긍정적인 가치와 장점을 중심으로 사고하여, 긍정적 가치와 장점을 표현하고', 이후에는 '부정적 사고와 표현'을 진행하는 등 '제시된 방향의 사고와 그에 알맞는 표현'에 집중하게 된다. 이런 기법을 활용할 경우 짧은 시간 내에 제안된 아이디어를 다양한 측면에서 깊이 있게 고찰할 수 있으며, 창의적인 의견이나 해결 방안 생성에 효과적이다.

(참고) 회의 기법: 여섯 색깔 모자 기법 & 브레인라이팅

◎ 여섯 색깔 모자 기법

창의력 분야 권위자인 에드워드 드 보노(Edward de Bono) 박사가 고안한 여섯 색깔 모자(Six Thinking Hats)라는 유명한 창의성 기법이 있다. 예를 들어, 60분 정도로 예정된 회의를 진행할 때 처음 10분 동안에는 문제를 규정하기만 하고, 다음 10분 동안에는 데이터와 자료만을 이야기하고, 이후 10분 동안에는 차례대로 아이디어를 제안한 후, 제안된 아이디어에 대한 직관과 느낌을 이야기하는 10분, 긍정적 가치를 이야기하는 10분, 아이디어를 비판하는 10분을 거쳐 회의를 진행할 수 있다.

'여섯 색깔 모자'는 인간 뇌의 인지적인 특성과 색채 심리학을 이용한 방법으로 브레인스토밍을 보완할 수 있는 방법론으로 대두되고 있다. 이 기법에서는 빨간색, 노란색, 하얀색, 검은색, 초록색, 파란색의 색깔에 대해 연상되는 사고의 영역을 나누고, 제시된 색깔에 맞추어 생각을 하도록 하는 방법이다.

하얀 모자- 객관적 사고 / 빨간 모자- 직관적 사고/ 노란 모자- 긍정적 사고 /
검은 모자- 부정적 사고 / 초록 모자- 창의적 사고 / 파란 모자-정리하는 사고

사회자는 파란 모자를 쓰고 나누어진 사고의 영역을 차례대로 제시하여 그룹의 의견을 표현하게 한다. 중요한 것은 모든 사람이 사회자가 제시한 한 가지 색깔의 모자를 쓰고 생각하게 하는 것이다. 반드시 모든 사람들이 모든 종류의 모자를 다 써야 하는 것은 아니며, 이 기법을 적용하는 상황과 맥락에 맞게 모자들을 선택하면 된다.

◎ **브레인 라이팅**

많은 구성원들로 이루어진 기업에서 흔히 사용되는 아이디어 창출 기법으로, 자기주장을 내세우기 꺼려하는 사람들의 아이디어도 취합할 수 있다는 장점이 있다. 독일에서 개발됐으며, 침묵 속에서 진행돼 개인 사고의 특징을 최대한 살릴 수 있는 집단 발상법이다. 브레인 라이팅은 집단의 규모와 상관없이 진행된다. 회의 방법은 우선 대집단을 4~5명으로 이루어진 소집단으로 세분한다. 이렇게 나뉜 소집단은 회의 안건에 대해 적혀있는 용지를 한 장씩 받고 원탁에 둘러앉는다. 그리고 받아든 용지의 각 줄에 3개의 아이디어(그 이상이어도 무방하다)를 적어내는 것을 원칙으로 그 용지를 테이블 위에 가져다 놓고, 다른 사람이 완성하여 가져다 놓은 용지를 다시 집어온다. 그 뒤에 3개의 아이디어를 더 적어 낸다. 다른 사람의 것에 힌트를 얻은 아이디어는 때때로 더욱 창의적이고 기발한 것일 수 있다. 회의는 참가자들의 아이디어가 떨어질 때까지 계속되며 구성원들 모두 원활하게 참여할 수 있으며, 브레인 라이팅 과정이 완료될 때쯤이면 모든 참가자가 그 아이디어를 소유하게 된다. 브레인 스토밍과는 달리 아이디어를 개별적으로 창출해 종이에 기록하기 때문에, 지배적인 개인들의 영향이 줄어든다.

[네이버 지식백과] 브레인라이팅 [brain writing] (매일경제, 매경닷컴)

4. 회의 화법, 마음에 되새기기 그리고 실천하기

1) 생각해 볼 문제

1) 회의 참여자들이 선호할 만한 '회의 개최의 필요조건'이 무엇인지 회의해 보자.

회의를 개최할 때 고민해야 할 다섯 가지 원칙

첫째,

둘째, 회의 결과를 기록하라.
- 회의 당시를 떠올릴 수 있도록 상세히 기록하라.
- 회의 결과로 결정된 내용을 정리하고, 역할 분담도 명시한 회의록을 공유하라.

셋째, 회의 결과는 업무에 반영시켜라.
- 반영하지 않을 내용이면 애초에 회의를 개최하지 말아야 한다.
(회의 참여자를 회의적으로 만들지 말 것!)

넷째,

다섯째,

2) 상사의 의견과 부하직원들의 의견이 대립되는 회의 상황이다.(직원 복지 차원에서 제공되는 팀 문화 생활비를 어떻게 사용할 것인가의 회의, 단합을 도모하는 의미에서 MT를 가자는 부장님과 영화나 뮤지컬 관람 등의 문화 생활비로 사용하자는 직원들) 부장님을 어떻게 설득할지에 대해 생각해 보자.

2) 화법 백서

당신이 회의를 진행한다면, 좋은 회의 주재자로서 어떤 말을 '필수적으로' 하면 좋을지 적어보자. (나만의 고정적인 회의 진행 표현 목록 생각해 보기)

____

____

____

____

____

❑ 참고 문헌 및 참고 자료

권순희 외(2013). 분야별 화법 분석 및 향상 방안 연구: 국회 담화를 중심으로, 국립국어원.

이상운 · 이경원 · 김원식(2005). 창의성: 조직의 창의성 향상 방법, 여섯 색깔 모자 방법(회의 기법)과 기술 혁신 방법, 트리즈, 지식경영 학술심포지움, pp.44-63.

이선영 · 김승현(2014). 국회 회의 절차 분석에 따른 회의 교육 내용에 대한 고찰, 화법연구 24, 한국화법학회, pp.171-202.

이원표(1999). 토크쇼에서 말 끼어들기: 담화 기능과 사회적 요인, 담화와 인지 6(2), 담화인지언어학회, pp.23-59.

이창덕 외(2010). 화법 교육론, 역락.

정권용(2003). 사회교육 방법으로서의 회의진행 기법에 관한 연구, 경상대학교 박사학위논문.

최영인(2007). 토의 능력 신장을 위한 교육 내용 연구: 토의 사회 능력을 중심으로, 서울대학교 석사학위논문.

Barge, J. K. (1997). "Leadership as Communication", In L. R. Frey & J. K. Barge (Eds.), Managing Group Life-communication in decision-making Groups. Houghton Mifflin Company.

Brillhart, J. K. & Galanes, G. J. & Katherine Adams. (2001). Effective group discussion: theory and practice(10th), Boston: McGraw-Hill, 강정민 역(2004), 통하면 통한다. 열려라 토의, 한언.

Dan O'Hair & Friedrich, G. W. & Wiemann, J. M. & Wiemann, M. O. (1997). Competent Communication. New York: Bedford/St. Martin's.

Hirokawa, R. Y. & Poole, M. S. (1996). Communication and Group Decision Making(2nd ed.). Calif: SAGE Publications.

McCarthy, M. (1998). Spoken Language and Applied Linguistics. New York: Cambridge University Press, 김지홍 역(2010), 입말, 그리고 담화 중심의 언어교육, 경진.

http://people.incruit.com/news/newsview.asp?gcd=10&newsno=761490

http://book.naver.com/bookdb/book_detail.nhn?bid=6627418

제5장

감동을 주는 프레젠테이션

1. 프레젠테이션 상황
2. 효과적인 프레젠테이션 방법
3. 보고 · 프레젠테이션 관련 이론
4. 보고 · 프레젠테이션 마음에 되새기고 실천하기

제5장 감동을 주는 프레젠테이션

직장 생활을 하면서 가장 많이 경험해야 하는 말하기는 무엇일까? 일상적인 업무 보고에서부터 진행 사항 브리핑, 특정 행사나 프로젝트에 관련한 프레젠테이션까지 직장에서의 대부분의 일들은 보고와 프레젠테이션의 연속이다. 보고와 프레젠테이션은 있는 사실이나 현황을 전달해야 하는 경우도 있지만, 대부분은 상대를 설득해야 하는 경우가 많기 때문에 명확하게 문제의 핵심을 이야기하면서 자신이 말하고자 하는 바를 전달하는 능력이 필요하다.

하지만 대부분의 직장인들은 남들 앞에서 이야기해야 하는 이런 공적 말하기, 특히 프레젠테이션에 대해 큰 두려움과 부담을 가지고 있다. 극도의 긴장감으로 인해 말하기 불안 증세를 보이기도 하고, 스스로가 어떤 말을 하고 있는지 자기도 모를 정도로 핵심이 없이 중언부언하기도 한다. 경직된 채 그냥 자료를 읽기만 해서 전달력이 떨어지는 경우도 있고, 빨리 그 자리를 모면했으면 하는 생각으로 빨리빨리 대충 프레젠테이션을 마무리하기도 한다. 이런 사람들을 겨냥해서 고가의 프레젠테이션 강의, 스피치 학원들이 성행하고 있으며 프레젠테이션 기법이나 전략에 관한 다양한 책들이 출판되고 있다. 인터넷 광고에서 흔히 볼 수 있는 스피치 학원의 광고나 서적 광고를 보면 정말 '나도 스티브 잡스 같은 유능한 프리젠터가 될 수 있을 것 같다'는 생각이 든다. 하지만 이론과 실제가 다르고, 개인마다 처한 환경과 자신이 지니고 있는 언어, 비언어적인 개성이 다르기 때문에 어떤 특정한 법칙이나 전략이 모든 경우에 잘 들어맞지는 않다.

이번 장에서는 실용적인 측면에 초점을 맞추어 실생활에서 활용 가능한 프레젠테이션 기법을 소개하고자 한다. 효과적인 프레젠테이션을 하기 위해서 어떤 준비를 어떻게 해야 하는지, 어떤 방식으로 말을 해야 하는지에 대한 실질적이고 핵심적인 전략을 제시하고자 한다.

1. 프레젠테이션 상황

상황 1

다음에 제시된 프레젠테이션은 어떤 특징이 있을까?

안영이, 장백기 씨의 프레젠테이션	장그래 씨의 프레젠테이션

http://ch.interest.me/tvn/VOD/VODView/201409171322/912110/60901	http://ch.interest.me/tvn/VOD/VODView/201409171322/912110/60902

-드라마, 미생 中-

[동영상 5-1] 잘된 프레젠테이션, 잘못된 프레젠테이션

상황 2

지금은 고인이 된 애플의 별, 스티브 잡스는 프레젠테이션의 대가로 유명하다. 컴퓨터나 휴대전화처럼 딱딱한 IT제품을 소개하는 그의 프레젠테이션에는 따뜻함과 친근함이 느껴지며, 그가 전달한 메시지는 청중들에게 매우 강하게, 명확하게 전달된다. 그의 프레젠테이션 기법을 연구한 책과 논문이 끊임없이 나올 정도로 그의 프레젠테이션 능력은 매우 뛰어나다. 그렇다면 그의 성공적 프레젠테이션의 비법은 무엇일까?

다음 영상을 보고 스티브 잡스의 프레젠테이션이 어떤 면에서 잘 된 프레젠테이션인지에 대해 그 요인을 분석해 보자.

다음은 (고)스티브 잡스의 21세기 역사적 순간 중 하나로 기억될 2007년 애플의 아이폰 공개 프레젠테이션 장면이다. 이 영상을 보고 어떤 특징이 있는지에 대해 찾아서 모둠별로 논의해 보고 발표해 보자.

프레젠테이션 영상: http://www.youtube.com/watch?v=EEEPkThgKM4
분석 영상: http://www.youtube.com/watch?v=dfD9sXoC7gA

[동영상 5-2] 스티브 잡스 프레젠테이션 영상

2. 효과적인 프레젠테이션 방법

스티브 잡스의 프레젠테이션은 형식과 내용면에서 특징을 가지고 있는데 이를 간단히 정리하면 다음과 같다.[1)]

첫째, 스티브 잡스는 어떤 프레젠테이션이든지 한 줄짜리 매우 짧은 헤드라인을 작성하여 이를 프레젠테이션은 물론이고 보도 자료나 마케팅 자료로 활용한다. 잡스가 맥북 에어를 출시하면서 "The World's Thinnest Notebook. (세상에서 가장 얇은 노트북)" 이라는 헤드라인을 만들었는데 이를 기조연설 프레젠테이션 슬라이드, 제품 홍보 인터뷰, 애플 홈페이지 및 각종 보도 자료에 활용하였다. 그의 프레젠테이션은 이 헤드라인을 중심으로 전개되면서 명확한 주제를 일관성 있게 유지하고 있다(Gallo, Carmine, 김태훈 옮김, 2010).

둘째, 프레젠테이션의 시작에 있어 청중과의 친근감을 형성하고, 긴장감을 풀기 위해 지극히 개인적인 말이나 고백, 사적인 말하기 방식으로 이야기를 시작해 나간다. 이는 TED[2)] Talks에서 가장 많은 조회 수를 기록한 강연들에서도 공통적으로 나타나는 현상으로 주제와 직결된 자신의 이야기를 시작한 예도 있고, 과거 자신의 이야기를 고백하는 등 사적인 이야기로 시작해 공감대를 형성하고 본론으로 들어가는 경우도 있다.

셋째, 두괄식 말하기 방식을 사용한다. 즉 스티브 잡스는 프레젠테이션의 서두에 자신이 이야기할 것들의 개요를 전반적으로 제시하면서 무엇에 대해 말할 것인지에 대해 제시하는데, 이는 청중들이 어떻게 이야기를 따라가야 하는지에

1) 이 분석은 Gallo, Carmine(2009), *Presentation Secrets of Steve Jobs: How to Be Insanely Great in Front of Any Audience*, 김태훈 옮김(2010)과 스티브 잡스 프레젠테이션 분석 유투브 동영상(http://www.youtube.com/watch?v=dfD9sXoC7gA)을 참고로 하여 정리하였음.

2) TED는 기술(Technology) · 엔터테인먼트(Entertainment) · 디자인(Design)분야를 주제로 프레젠테이션을 개최하는 미국의 비영리 재단으로 이 목적은 가치 있는 아이디어를 널리 확산시키는 것이다. 인터넷을 통해 무료로 프레젠테이션 영상을 제공하고 있다.

대한 이정표를 제시해 주며 청중의 머릿속에 로드맵을 그려주는 역할을 한다.

넷째, 이야기 전개 방식에 있어서 스티브 잡스는 스스로 문제를 제기하고 이에 대한 해결책을 제시하면서 청중을 끌고 나간다. 또한 각 주제에 대해 이야기를 한 후 명확하게 마무리 짓고 다음 단계로 넘어가는 계단식 방식의 구성을 사용한다. 이를 통해 청중은 화자가 무엇을 이야기하고 있는지를 명확히 알게 되고 다음 이야기로 넘어갈 때 이전 메시지를 정리하고 새로운 메시지를 받아들일 자세를 갖게 되는 것이다.

다섯째, 스티브 잡스는 자신의 열정과 감정을 청중들에게 다소 과장되게 전달하고 있다. 그의 프레젠테이션을 보면 "놀라운, 굉장한, 멋진, 믿기 어려운, 굉장한, 황홀한" 등의 형용사를 자주 사용하고 있다. 이런 단어들의 사용을 통해 그는 자신이 진심으로 열정을 가지고 주제에 몰입하고 있다는 것을 보여준다.

여섯째, 스티브 잡스는 관객들을 신나고 즐겁게 하는 유머를 구사하여 분위기를 친근하고 재미있게 만든다. 딱딱하고 지루한 프레젠테이션은 관객을 금방 지치게 하고, 흥미를 잃게 하지만 이런 경우 관객들은 지속적으로 발표자의 내용에 흥미를 가지고 능동적으로 참여할 수 있게 된다.

일곱째, 스티브 잡스가 프레젠테이션에서 보여주는 화면은 매우 단순하고 상징적이다. 또한 제시하는 수치나 그래프는 청중들에게 의미를 부여해 주는데, 단순히 수치를 설명하기보다는 청중의 생활과 밀접한 내용에 비유하여 그 숫자에 의미를 부여하였다.

여덟째, 스티브 잡스는 눈 맞추기, 몸짓과 손짓 등 자연스러운 보디랭귀지를 사용하고 정장이 아닌 편한 캐주얼 의상을 선택하면서 자신만의 말하기 스타일을 구축했다. 프레젠테이션은 무대 앞에서 한 편의 연극을 하는 것과도 유사하기 때문에 스스로의 방식을 만들어서 청중에게 보여주는 것 역시 중요하다.

마지막으로 스티브 잡스는 단 몇 분의 프레젠테이션을 위해서 며칠 동안 끊임없이 연습을 반복하였다. 프레젠테이션의 완벽을 추구하기 위해서는 이러한 연습이 꼭 필요하다.

3. 보고 · 프레젠테이션 관련 이론

보고, 브리핑, 프레젠테이션이라는 용어는 직장에서 매우 빈번하게 사용되는데, 이들은 상대에게 메시지를 전달한다는 큰 범주에서 보면 같은 의미라고 볼 수 있다. 하지만 이들은 실제 회사 생활에서는 메시지의 특징, 청자, 상황에 따라 조금 다르게 사용되고 있다.

회사에서 일을 잘하는 사람은 보고를 잘하는 사람이라는 말이 있듯이 제대로 보고를 잘하는 능력은 매우 중요하다. 보고는 브리핑과 프레젠테이션을 모두 포함하는 광의의 개념으로 생각할 수 있는데, 회사에서 주로 사용되는 보고의 개념은 일에 관한 내용이나 결과를 말이나 글로 알리는 것을 의미한다. 흔히 '업무 보고', '상황 보고'의 개념으로 사용되는데 어떤 상황이나 사건의 전말에 대해 스토리로 요약해서 말하는 능력이 요구된다.

브리핑(briefing)은 요점을 간추린 간단한 보고나 설명 또는 그런 보고나 설명을 위한 문서나 모임을 의미하는데, '간추린 설명', '요약 보고'로 대체되어 사용된다.[3] 일반 회사에서는 일반적으로 일상적인 업무에 대한 간단한 진행 사항에 대한 보고에 있어 '브리핑'이라는 용어를 사용한다.

프레젠테이션(presentation)은 원래 마케팅 기법 중 하나로 제품에 대한 정보를 제공하고 이에 대한 이해와 호응, 제품 판매를 홍보하기 위한 목적으로 다른 사람과 의사 교류를 위한 시청각 활동을 일컬었다(Jennifer Rotondo & Mike Rotondo, 고광모 옮김 2004). 하지만 현대에 이르러 프레젠테이션은 청자(보통 다수의 청자)를 대상으로 매체를 사용한 일반적인 발표나 보고를 의미한다.

회사에서 브리프는 보고의 개념으로 거의 동일하게 사용되기 때문에 이 책에서는 브리핑을 보고에 묶어서 효과적인 보고 기법을 제시하고, 실용적인 프레젠테이션 전략을 중심으로 서술하도록 하겠다.

---

3) 표준국어대사전

1) 청중을 사로잡는 프레젠테이션

(1) 프레젠테이션 개념에 대한 이해

프레젠테이션은 시청각 매체를 동원한 발표라고 할 수 있는데 Jennifer Rotondo & Mlke Rotondo(2000)는 '정보 전달이나 이해를 돕고, 동의를 얻거나, 혹은 행동하도록 동기를 부여하기 위한 목적으로 의사소통을 위해 고안된 시각적이고 청각적인 이벤트'라고 정의하였다.

프레젠테이션의 정의에는 두 가지 특징이 포함되는데 첫째, 내용에 대한 설명 등 정보 전달에만 그치는 것이 아니라 청자의 동의를 얻고, 행동하도록 동기부여를 목적으로 하는 '설득'의 성격을 포함하는 것이고 둘째, 음성 언어만 사용되는 연설과 달리, 시청각 자료의 효과적 사용이 필요하다는 것이다(이창덕 2014: 384).

(2) 프레젠테이션의 구성 요소: 3P

프레젠테이션을 잘하기 위해서는 어떠한 요소들에 주목해야 할까? 가장 기본적으로는 상황에 맞는 3P분석이 중요하다. 3P는 목적(Purpose), 사람(People), 장소(Place)인데 프레젠테이션을 준비하기 전에 이에 대한 철저한 분

[표 5-1] 3P의 내용

Purpose: 목적 분석	• 프레젠테이션을 하는 목적은 무엇인가? • 청중의 기대가 무엇인가? • 청중으로부터 얻고 싶은 것은 무엇인가?
People: 청자 분석	• 청중의 유형은 어떠한가? (인원, 성별, 연령, 직급) • 청중의 특성은 어떠한가?(호의적, 적대적) • 의사결정 청자는 누구인가?
Place: 장소 분석	• 프레젠테이션을 하는 장소 분석 • 시간 분석 • 매체 분석

출처: 이호철 2012: 228 참조.

석은 필수적이다.

① 목적 분석 (Purpose)

프레젠테이션에 있어서 목적 분석은 전체 말하기의 방향성을 유도하기 때문에 매우 필수적이다. 어떠한 사실을 있는 그대로 알려야 하는지, 세부적으로 설명해야 하는지, 목적을 가지고 설득을 해야 하는지에 따라 자료 구성이나, 내용 등이 달라지기 때문이다.

발표 시 이 목적 분석이 제대로 이루어지지 않으면 관련 정보를 그대로 나열하거나 준비한 자료를 단순히 제시하는 것에 그치게 되어 원하는 목적을 달성할 수 없다.

목적을 분석할 때에는 화자가 청중에게 무엇을 전달하고 싶은지, 이로 인해 청중으로부터 얻고 싶은 결과는 무엇인지를 분석하는 것도 매우 중요하다.

② 청자 분석(People)

청자의 지적 수준, 심리적 태도, 요구 등을 조사하여 그 수준에 맞추어 프레젠테이션을 준비하는 것이 필요한데, 청자의 일반적인 특성(지역, 성별, 연령)뿐 아니라 개인적인 특수성 등도 염두에 두어 편파적이거나 차별적 발언을 삼가야 한다. 또한 의사결정자가 누구인지를 잘 파악하고 그에 맞는 전략을 구사하면서 프레젠테이션을 전개해야 한다.

> 청자 분석 중 핵심 요인: 청중의 요구, 청중의 지적 수준, 주제에 대한 사전 지식 여부, 주제 관련 입장(호의적, 적대적), 개인적 관련성(의사결정자, 협력자)

③ 장소 분석(Place)

보고 · 프레젠테이션의 경우 별도의 시청각 자료가 필요하기 때문에 발표장의 크기나 좌석 배치, 컴퓨터나 오디오 시설과 같은 관련 장비, 조명 등을 미리 점검해야 한다. 특히 스크린의 위치를 파악해 자신의 동선이나 위치를 미리 선정해 놓는 것이 필요하다. 또한 얼마만큼의 시간이 걸리는지를 미리 측정하고 계획하여 발표에 활용해야 한다.

(3) 프레젠테이션의 화면 구성 방식: PPT제작

프레젠테이션은 파워포인트를 활용하여 슬라이드를 작성하고 이를 화면에 띄운 후 발표하는 것이 일반적이다. 파워포인트는 간결하게 자신이 전달하고자 하는 핵심 메시지를 명확히 넣는 것이 중요하고 전체적인 레이아웃은 통일성을 지녀야 하고, 세련되고 깔끔한 이미지를 줄 수 있도록 제작하는 것이 좋다. 다음은 프레젠테이션에 도움을 줄 수 있는 효과적인 파워포인트 작성의 방식이다.

[표 5-2] 효과적인 파워포인트 작성 방식

이야기(story) 흐름 제시하기	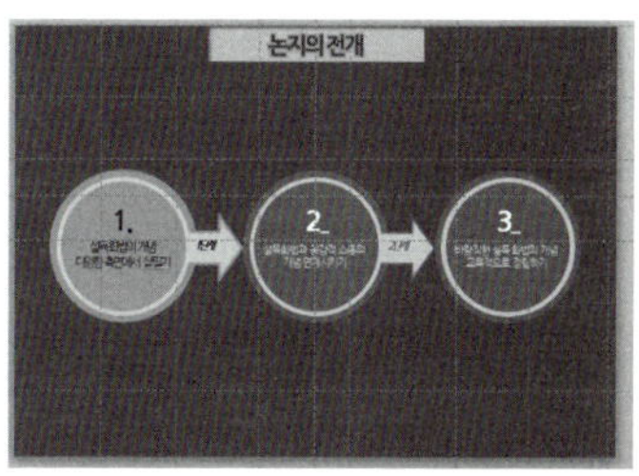	이야기를 전개하기에 앞서 서두에 어떤 방식으로 발표가 전개될 것인가를 한 눈에 보여준다.
이미지 자료 활용하기	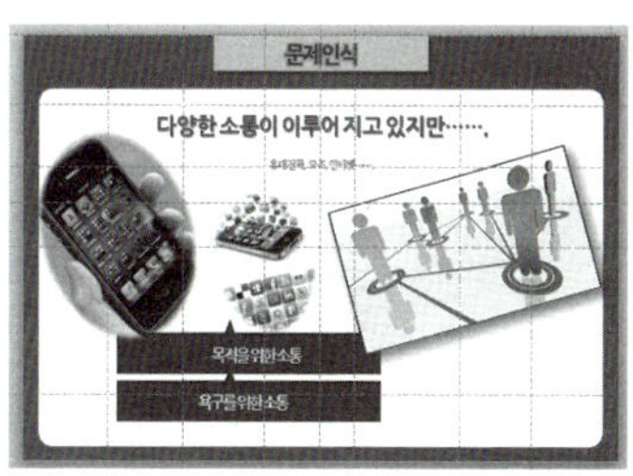	글을 장황하게 많이 쓰는 것보다 적절한 이미지를 활용하는 것이 보다 강한 효과를 준다.

<table>
<tr><td>핵심 개념 강조하기</td><td>
</td><td>강조하고 싶은 핵심 개념을 단순하면서도 강력하게 제시한다.</td></tr>
<tr><td>도식화 활용하기</td><td>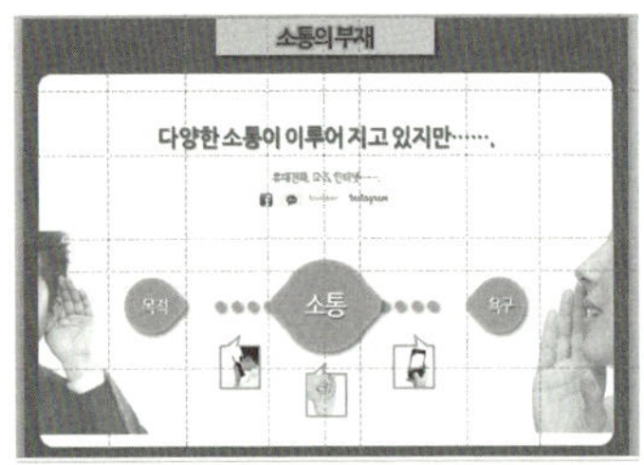
</td><td>줄글로 설명하는 것보다는 이를 도식화하여 제시하는 것이 효과적이다.</td></tr>
</table>

(4) 프레젠테이션의 전개 방식: 스토리텔링 방식

프레젠테이션에서 중요한 것은 청중의 흥미와 관심을 지속적으로 끄는 것이다. 청중이 지루해지기 시작했다면 그 프레젠테이션은 실패할 가능성이 크다. 청중이 싫어하는 프레젠테이션은 말이 늘어지거나 변화가 없을 때, 정확한 내용 전달이 안 되었을 때, 발표자에게 신뢰감이나 호감이 가지 않을 때이다(이호철 2012: 239).

프레젠테이션이 성공하기 위해서는 프레젠테이션의 내용을 효과적으로 구성하여 청중에게 감동을 주고 그들이 공감할 수 있도록 하는 것이 중요하다. 청중을 웃기거나, 감동시키거나 하면서 그들을 자기편으로 만드는 것이 중요한데, 그러려면 발표자는 훌륭한 이야기꾼이 되어야 한다. 한 편의 감동적, 혹은 매우 흥미로운 이야기를 재미있게 구성하여 청자에게 들려주어야 하는 것이다. 이때 주로 사용되는 방식이 바로 스토리텔링 방식이다.

TED 강연을 보면 한 편의 영화나 연극을 보는 듯한 느낌을 갖게 되는데 그 이유는 연사가 일방적으로 이야기하는 것이 아니라 청중과 공감대를 형성하고 의미 있는 말들로 청중을 감동시켰기 때문이다. 이를 위해서는 자신의 이야기를 하면서 청자와의 친밀감을 형성해야 한다.

아래 제시된 두 가지 사례는 스토리텔링 방식으로 청중의 관심과 흥미를 사로잡은 프레젠테이션의 예이다. 김연아 선수는 더반에서 평창 동계 올림픽 유치를 위해 프레젠테이션을 했는데, 그 때 자신의 외롭고 힘들었던 어린 시절에 대한 개인적인 이야기를 넣으면서 청자들을 감동시켰다. 제이미는 다소 충격적인 사실을 폭로하며 청중을 몰입시키는 전략을 사용했다.

> 다른 올림픽 선수들과 마찬가지로 저는 어려서부터 스포츠에 몸 담아왔습니다. 10년 전 평창에서 동계 올림픽 개최에 대한 열망을 좇기 시작할 당시, 저는 서울의 아이스링크에서 올림픽 꿈을 꾸기 시작한 어린아이였습니다. 피겨스케이팅은 잘했을 때 독려해주거나, 넘어졌을 때 일으켜 세워주는 팀원 없이 수많은 시간을 혼자 연습해야 하는 외로운 스포츠이지만, 올림픽 금메달에 대한 꿈이 저에게 추진력이 되었습니다.
>
> – 김연아 선수, 2011년 5월18일, 로잔 테크니컬 브리핑(나승연 2012: 228)

> 슬프고 안타까운 일이지만, 앞으로 제가 이야기할 18분 이내에, 지금 이 순간까지 아직 살아있는 4명의 미국인이 사망할 것입니다. 그들이 먹는 음식 때문이지요. 제 이름은 제이미 올리버이고, 나이는 서른넷입니다. 영국 에식스 출신이고, 지난 7년여 동안 제 나름의 방식대로 생명을 구하기 위해 지칠 줄 모르게 열심히 노력해왔습니다. 하지만 저는 의사가 아닌 요리사입니다. 따라서 값비싼 의약품 같은 것은 갖고 있지 않습니다. 저의 유일한 도구는 정보와 교육입니다. 저는 음식이 가진 힘에 대한 확고한 믿음이 있습니다. 음식이 저의 근본이고, 우리 삶의 최고의 순간을 누리게 해준다는 믿음 말입니다.
>
> – 제이미 올리버, 2010 TED 프레젠테이션(Donovan, Jeremy, *How to deliver a TED talk*. 김지향 역 (2012))

프레젠테이션이 한 편의 잘 짜여진 스토리가 되기 위해서는 내용 전개 방식이 매우 전략적이며 매끄러워야 한다. 다음은 효과적인 프레젠테이션 스토리 전개 방식이다.

① 인상적인 오프닝

- 사적인 이야기로 시작
- 본론에서 다룰 핵심 메시지와 연관된 내용 제시
- 인용, 통계, 청중에 대한 질문, 현재의 시사 이슈나 신문 기사, 자신과 관련된 스토리, 진심어린 감사나 답례, 기록, 유머, 예언, 시 또는 자연, 의도적인 긴 호흡

② 스토리가 녹아 있는 본론

- 짧고 임팩트 강한 스토리
- 불필요한 이야기는 잘라냄
- 정확하게 스토리를 전달할 수 있는 방법 연구하기

③ 반복과 강조의 결론

- 핵심 내용 반복하기
- 인상적인 이미지 활용하기
- 결론 제시하기

[그림 5-1] 효과적인 프레젠테이션 스토리 전개 방식

다음은 특색 있는 프레젠테이션의 전개 방식의 예이다. 이들을 보면 자신만의 개성을 살린 인상적인 오프닝으로 청중의 흥미와 관심을 유도하면서 자연스럽게 자신이 말하고자 하는 본론으로 이야기를 끌어가고 있는 것을 볼 수 있다.

59회 양준혁 내가 야구를 하는 이유	59회 문병용 지겨워진 일과 직장, 신나게 바꿔드립니다	4월 특별강연 이범 청년들이 주목해야 할 학벌사회의 변화

시작 부분: 자신이 가진 9개의 야구 관련 신기록을 '자랑하는' 것으로 시작. → 권위에 대한 인정이 가능하게 하면서 재미있는 분위기를 유도함. http://tvcast.naver.com/v/140898/list/13481	도입부: 강연을 듣는 청중 중에 "회사 다니시는 분 손 들라", "이 분들 중에 회사 가는 게 너무 신 난다. 아침에 보스를 만날 생각을 하면 기뻐 눈이 팍 떠진다 하시는 분들 손 들고 계세요." "저는 사원 때 팀에서 쫓겨났어요. 8년 후에 임원이 됐습니다. 궁금하시죠? 어떻게 사원 때 잘릴 수가 있어? 그런데 8년 후에 임원은 또 어떻게 임원이 된 걸까요?" → 도입부에서 관심을 끄는 질문으로 이야기의 흥미와 몰입도를 높임. http://tvcast.naver.com/v/140901/list/13481	도입부: "우리나라 참 이상한 나라죠? 무슨 대학 출신인지가 죽을 때까지 쫓아다니는 참 이상한 나라인데, 최근 들어서 이게 뭔가 좀 바뀌고 있는 것 같습니다. 어디서 바뀌느냐, 기업에서 바뀌는 거죠. 사람 뽑을 때." → 도입부부터 강연 주제 이야기, 본론부와의 연계로 '심플하게' 시작하여 문제의 핵심으로 들어감. http://tvcast.naver.com/v/157299/list/15892

-세상을 바꾸는 시간 15분 中-

[동영상 5-3] 프레젠테이션의 다양한 전개 방식의 예

2) 짧고 굵은 1페이지 보고 기법

(1) 5W1H 보고의 원칙

'5W1H 보고'는 육하원칙에 입각한 보고를 의미하는 것으로 Who, When,

Where, What, Why, How의 약자로 간결하고 명확한 보고에 있어서 강조하는 기법이다. 이들의 순서가 따로 정해져 있는 것은 아니지만 대체적으로 What(무엇)을 가장 먼저 말하고 How(방법)을 가장 나중에 말하는 것이 좋다.

꼭 육하원칙에 입각해서 말할 필요는 없으나 아래 그림과 같이 업무의 내용, 목적, 목표 수준(예산, 기한), 방법 등의 순서로 업무를 보고하는 것이 효과적이다.

업무 내용	목적(이유)	목표 수준	방법
What	Why	How Much	How to
본인의 업무 주제	전략과 연계성 업무의 중요성이나 가치	업무의 계량화 업무량 설명	업무의 구체화

[그림 5-2] 업무 소개 방법(이호철 2012: 196)

일단 본인의 업무가 무엇인지에 대해 간략하게 이야기를 시작한다. 이 부분이 핵심이기 때문에 업무의 내용이 맨 처음에 나와야 한다. 이후 왜 그것을 하는지에 대한 목적이나 이유를 밝힌다. 이때 업무상 중요한 가치나 업무를 수행했을 때 얻을 수 있는 이익 등에 초점을 맞추어 보고를 진행한다. 이후 이를 수행하기 위해서는 어느 정도의 예산이나 노력이 필요한지에 대해 계량화하여 설명한다. 필요한 예산을 수치화해 보고하고, 필요한 노력이나 시간을 근거를 가지고 계산하여 보고하는 것이 상사에게 신뢰감을 줄 수 있다. 이후 이를 어떤 방식으로 수행할 것인지 업무를 구체화하여 보고한다. 특히 언제까지 업무를 완성할 수 있는지, 어떤 절차로 일을 진행할 것인지를 명확히 하는 것이 중요하다.

(2) 1페이지 보고서 브리핑

바쁜 현대사회에서 여러 장의 페이퍼를 오랫동안 검토하기가 쉽지 않기 때문에 최근 회사에서는 1페이지 보고서 작성이 유행으로 자리 잡고 있다. 1페이지

기획서는 여러 장의 문서를 단 한 장으로 압축한 문서로 짧은 시간에 모든 요점 부분을 효과적으로 전달해야 한다. 1페이지 기획서에는 함축된 문장, 개조식의 형태로 구성되어 있기 때문에 논리의 맥을 짚고 쉬운 용어로 핵심적 메시지를 전달하는 것이 생명이다(도영대 2011: 96).

1페이지 보고서로 브리핑 하는 방식

- 전반적인 이야기 전개(story line)를 잡고 이를 바탕으로 해당 문서의 핵심 메시지를 전달하라.
- 건의서나 제안서일 경우 부드럽고 부탁하는 어조를 사용하라.
- 중요하거나 강조해야 할 사항이 있으면 이를 위주로 최대한 간단하게 보고하라.
- 마지막은 한두 문장으로 마무리하라.

-도영태(2011: 98-105)-

(3) 상대의 스타일에 맞춘 보고 전략

회사에는 다양한 개성을 가진 상사나 동료가 있기 때문에 누구에게 보고를 하는가에 따라 보고하는 스타일이나 방식도 약간씩 달라져야 한다. 다음은 자신의 보고 스타일을 진단할 수 있는 설문지이다.

나의 보고 유형 점검하기[4)]

다음 문항을 읽고 해당하는 부분에 체크를 한 후 자신은 어떤 유형에 속하는지 평가해 보자.

	1유형	2유형	3유형	4유형	5유형
보고스타일	내 주관대로 보고를 할 수 있다.	상대방의 입장을 많이 고려하는 편이다.	객관적 사실 위주로 보고를 한다.	변화 있게 보고를 하려고 노력한다.	보고 시 정해진 절차를 따르는 편이다.
상대에 대한 입장	상대가 내 보고를 집중해서 듣지 않는다면 화가 날 것이다.	보고할 때 감정을 잘 넣어 이야기하는 편이다.	보고 시 논리적인 근거로 상대를 설득하는 편이다.	보고 시 상대방의 흥미를 유도하는 편이다.	보고 시 예의를 갖추어 조심스럽게 보고하는 편이다.
일상 스타일	어떤 상황에 대해 비판을 잘하는 편이다.	차분하고 배려를 많이 하는 편이다.	준비나 계획이 없이 바로 이야기하지 않는다.	유머 감각이 있는 편이다.	조금 소극적인 스타일이라는 소리를 듣는다.
상사에 대한 의식	상사에 대한 존중과 예의를 중시한다.	상사를 이해하기 위해 노력한다.	상사에게 실수가 없도록 일을 꼼꼼하게 처리하는 것을 보여주는 것이 중요하다고 생각한다.	상사를 유쾌하게 하는 것이 중요하다고 생각한다.	상사의 경험을 존중해 주는 것이 중요하다고 생각한다.
업무에 대한 의식	보고 시 자신의 주장을 강하게 관철시키는 것이 중요하다고 생각한다.	보고 시 상황에 대해 충분히 이해시키는 것이 중요하다고 생각한다.	논리적으로 상황을 분석하여 보고하는 것이 중요하다고 생각한다.	창의적인 아이디어를 기획하여 보고하는 것이 중요하다고 생각한다.	정해진 프로세스에 맞추어서 일을 처리하고 보고하는 것이 중요하다고 생각한다.

4) 도영태(2011)의 브리핑 유형에 따른 공략법 질문지와 분석 양식을 새롭게 구성하고 수정한 것이다.

상대방의 스타일별 대응 방법(도영대 2011: 36)

상대방 스타일	특징	대응 방법
1유형: 주도형 (강경한 스타일)	자기주장 강함 급한 성향 비판적, 통제적	주도적인 행동 배제 곧바로 반박론을 펼치지 말 것 핵심적인 사항 위주로 이야기 결론부터 이야기
2유형: 온건형 (부드러운 스타일)	차분함 배려적임 간섭이 있음	간접적인 표현 분위기를 고려한 주변 이야기 편안하고 자연스럽게
3유형: 신중형 (꼼꼼한 스타일)	논리적, 분석적 사실 위주의 객관성 보유 치밀하고 꼼꼼함	논리적인 근거 확실히 비교우위, 혜택 강조 사소한 부분에도 신경 쓰기
4유형: 개방형 (우호적인 스타일)	낙천적, 창의적 변화 추구 유머 감각이 있음.	활기차고 생기 있게 흥미 유도, 비주얼 강조 내용상 변화 추구
5유형: 현실형 (사무적인 스타일)	정형화된 틀 선호 경험과 형식 중시 소극적, 내성적	보수적 접근 다양한 대안 마련 선택 유도 이전의 통용 방식 선택

3) 청중이 좋아하는 발표자의 특성

앞서 제시한 여러 전략과 방식을 사용하여 보고와 프레젠테이션을 진행한다면 정말 업무를 효율적으로 수월하게 할 수 있을 것이다. 하지만 내용이 전략적으로 잘 구성되어 있고, 이를 바탕으로 명확하게 자신이 원하고자 하는 바를 스스로는 매우 효율적으로 잘 전달했다할지라도 보고나 프레젠테이션을 하는 사람이 너무 무기력하게 말한다든가, 산만해 보인다든가, 예의 없어 보인다든가 하면 이 발표는 청자나 청중에게 별다른 효과를 주지 못한다.

청중이 좋아하는 발표자가 되는 것이 중요하다. 그럼 청중이 좋아하는 발표자는 어떤 특징을 지니고 있을까?

프레젠테이션의 효과를 높이기 위해서 발표자는 청자와의 친밀한 관계를 형성하고 음성 메시지를 통해 정확한 전달을 하는 것도 중요하지만 이와 더불어 긍정적 표정, 적절한 몸짓을 사용하는 것 역시 매우 중요하다.

다음 김연아의 프레젠테이션에서 어떤 비언어적인 표현(몸짓, 시선, 표정 등)이 사용되었는지 찾아보자.

http://blog.naver.com/chyna875?Redirect=Log&logNo=50189399312&jumpingVid=B9BDFFBA93167F12E47F4DB8B1FFBC05E8A7

[동영상 5-4] 김연아 프레젠테이션 장면

김연아 프레젠테이션 중 사용한 인상적인 비언어적 표현의 특징은 다음과 같다.

첫째, 목소리 톤인데, 프레젠테이션 내내 밝고 경쾌하면서도 차분한 톤을 유지했다. 하지만 내용에 따라서 음의 높낮이를 다르게 사용했는데, 강조하고 싶은 부분에서는 다소 높은 톤의 큰 소리를 사용하였다.

둘째, 표정의 측면에서 김연아는 미소를 잃지 않고 시종일관 여유 있는 표정을 지었다. 하지만 다소 심각한 이야기를 할 때에는 감정을 이입하여 자신이 느끼는 바를 실감나게 표현하고 있다.

셋째, 청중과 눈 마주침(eye contact)을 매우 잘하고 있는데, 시선을 특정한 쪽에 머물게 하지 않고 다양한 청중들을 바라보며 청중들과 골고루 편안하게 눈 마주침을 시도하고 있다.

넷째, 손을 사용한 제스처이다. 손을 효율적으로 사용하여 강조하고 싶은 내용이나 진심을 담은 내용의 경우 그 표현 효과를 극대화하였다.

다섯째, 자세가 곧고 매우 안정적이었는데, 구부정하거나 경직된 자세가 아닌 자신감 넘치는 곧은 자세로 청중들에게 편안함과 신뢰감을 전달하고 있다.

그렇다면 발표자들에게 흔히 볼 수 있는 잘못된 자세는 어떤 것들이 있을까? 발표를 하는 사람은 매우 긴장된 상황에 처하다 보니, 자신도 모르게 아래와 같은 잘못된 자세를 취하게 되는 경우가 많다.

◆ 가장 흔한 잘못된 프레젠테이션 자세: T-REX(티라노사우루스 렉스의 약자)자세 (Timothy J. Koegel, 김경태 편역, 2011)

- 거울 위의 거미: 양손의 손가락을 서로 마주 댄 동작
- 자비로운 수녀님: 기도하는 자세
- 부싯돌: 뇌를 가동시키기 위해 손바닥을 비벼대는 동작
- 반지 자랑: 반지를 비틀고, 돌리고, 끼웠다가 빼는 동작
- 손 씻기: 양 손에 계속 비누칠을 하는 동작
- 소매 잡아당기기: 더 빠져 나올 것도 없는데 잡아당기는 동작

4. 보고 · 프레젠테이션 마음에 되새기고 실천하기

1) 생각해 볼 문제

[실습 1] 다음 보고서를 내용과 상황에 맞게 5W1H로 모둠별로 실습해 보고 어려운 점이 무엇인지, 어떤 점을 고쳐야 할지에 대해 서로 이야기를 나누어 보자.

월간 업무 보고서

연말연시 불우이웃을 돕기 위한 자선 바자회 계획

최근 경기침체로 인해 나날이 늘어가고 있는 빈곤계층을 돕기 위해 우리 동에서는 이번에 불우이웃돕기 캠페인을 실시하고자 한다. 12월 말 정도 행사를 목표하고 있으며, 우리 동네 주민들이 모두 협심하여 의미 있는 행사를 만들고자 한다.

일차적으로 어떤 행사를 하여 모금을 할 것인가에 대한 계획이 필요한데, 주민 자선 바자회를 통해 주민들에게 자발적으로 물품을 기부 받아서 이를 판매하는 방식으로 자금을 모을 계획이다. 그러기 위해서는 일단 자선 바자회 일정, 장소, 바자회 때 자원 봉사할 인원 모집, 물품 등을 관리하는 업무에 대한 프로세스 정립 등이 필요하다.

일정은 12월 마지막 주 우리 동에 행사가 없는 날을 복수로 정하여 장소 대관일 등을 고려하여 정할 것이다. 아마 직장에 다니는 사람들도 참여할 수 있도록 주말에 하는 것이 좋을 것으로 판단된다.

장소는 근처 대한 초등학교나 중학교 체육관을 빌리는 것이 좋을 것 같다. 왜냐하면 겨울이라서 날씨도 춥고 주차도 용이해야 하기 때문이다. 이 건에 대해서는 학교장 및 교육청과 협의하여 일을 진행해야 할 것 같다.

물품 기부 관련해서는 각 동의 통·반장에게 공지를 하고 물품을 기부 받도록 한다. 그러기 위해서는 공문이 필요한데, 오늘내로 공문을 작성하여 업무를 진행하도록 하겠다.

물품 판매 관련해서는 부녀자회, 대학생 자원봉사자들에게 협조를 얻어 진행을 할 예정이고, 매출 관련해서는 동사무소 직원이 책임지고 업무를 담당하도록 할 것이다.

우리 지역 행사로서 많은 사람들이 자발적으로 참여하도록 참여를 유도하기 위해서 바자회와 함께 볼거리와 먹거리도 함께 제공하는 것이 좋을 것 같다. 스낵 및 분식류, 커피를 포함한 음료 부스를 설치하고, 또한 우리 지역에 사는 유명 가수 송태관 씨에게 협조를 부탁하도록 하겠다.

수익은 동 전체에 공개하고, 각 통장으로부터 추천을 받은 빈곤 가정에게 식료품과 돈을 전달하도록 할 예정이다. 이번 행사가 성공적으로 개최된다면 이는 우리 지역만의 특색 있는 지역 기부 행사로 자리 잡을 가능성이 있으며 우리 지역 홍보에 있어서 대내외적으로 긍정적 시너지 효과를 낼 수 있을 것이라고 생각한다.

[5W1H로 보고서 작성하기]

[실습 2] 제시된 슬라이드를 상사에게 보고해야 한다고 가정하고 프레젠테이션을 해 보자. 모둠원들은 이 프레젠테이션을 듣고 잘한 점은 무엇이고 부족한 점은 무엇인지에 대해 서로 이야기해 보자.

[슬라이드 1]

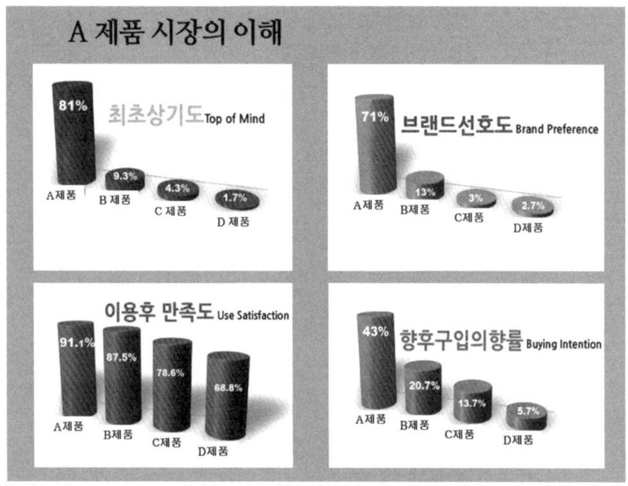

[보고 시안 작성]

[슬라이드 1]

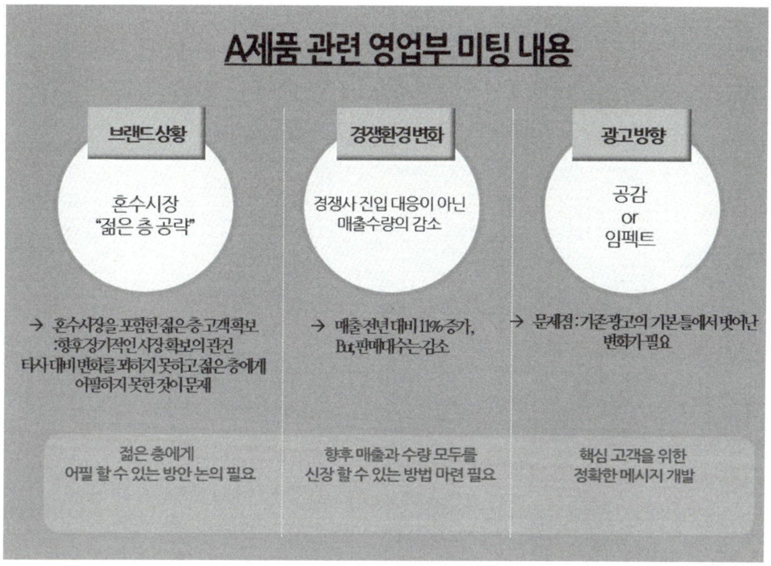

[보고 시안 작성]

[실습 3] 비언어, 준언어를 적절히 사용하여 자신을 소개하는 프레젠테이션을 해 보고 스마트폰으로 찍어서 화면에 있는 메일로 전송해 보자.

[자기소개하기 프레젠테이션 계획서]

나의 최종 목표(가치관)	
현재 나의 모습 대 내가 바라는 나의 모습	
나의 장점 및 잠재 능력	
나의 단점 및 개선 노력	

2) '효과적인 보고 · 프레젠테이션'을 위한 화법 백서

프레젠테이션을 포함한 다른 말하기에 앞서 긴장이 고조되고 불안감이 들 때가 많이 있는데, 이에 대한 대처 방법으로 개발된 체조가 있어 이를 소개한다.

◆ **불안증 극복 체조(Bettram-Cox, 1965, 임태섭(2003: 48) 재인용)**

- 심호흡을 천천히 여러 차례 반복한다.
- 혀와 턱을 풀어준다.
- 바른 자세를 유지한다.
- 손과 손목의 힘을 빼고 풀어준다.
- 어깨와 등을 똑바로 하고 앉은 다음 배를 당긴다.
- 머리와 목에 힘을 빼고, 천천히 좌우로 그리고 아래위로 돌린다.

프레젠테이션과 보고를 잘하기 위해서는 앞서 제시한 다양한 전략이나 방법을 활용하면서 꾸준한 연습과 노력을 해야 한다. 그리고 자신만의 프레젠테이션 스타일을 만들어 나가는 것도 중요하다.

◆ **보고 · 프레젠테이션을 할 때 기억해야 할 사항**

- 보고를 할 때에는 5W1H로 알기 쉽게 한다.
- 보고나 프레젠테이션을 할 때에는 3P를 미리 분석한다.(Purpose, People, Place)
- 상사의 스타일에 맞춰 융통성 있게 보고한다.
- 프레젠테이션 파워포인트 작성 시 핵심 개념 강조, 도식화 사용, 이미지 활용, 스토리 흐름 제시 기법을 사용한다.
- 프레젠테이션 시작은 인상적인 오프닝으로 한다.
- 적절한 비언어를 사용한다. (손짓, 몸짓, 표정, 목소리 톤)

- 불안증 극복 체조를 통해 프레젠테이션의 공포에서 벗어난다.
- 훌륭한 이야기꾼이 되기 위한 스토리텔링 방식으로 프레젠테이션을 구성한다.
- 프레젠테이션 전에 끊임없이 연습한다.

❑ 참고 문헌 및 참고 자료

나승연(2012). 세계를 감동시킨 나승연의 프레젠테이션, 21세기북스.

도영태(2011). 기획서 브리핑비법, 교학사.

이창덕 외(2013). 화법 교육론, 역락.

이토후지 마시시 저, 정숙인 역(2005). 보고 잘하는 법, 더난출판.

이호철(2012). 이호철의 기획, Kisss하라, 비즈셀.

정석교(2011). 스티브 잡스의 본증적 프레젠테이션, 랜덤하우스.

Donovan, Jeremy (2012). *How to deliver a TED talk*. Boston: McGraw-Hill, 김지향 역 (2012), TED 프레젠테이션, 인사이트앤뷰.

Jennifer Rotondo & Mike Rotondo Jr. (2004). *Presentation Skill for Managers*, Boston: McGraw-Hill, 고광모 옮김(2004), 프레젠테이션의 기술, 지식공작소.

Gallo, Carmine (2009). *Presentation Secrets of Steve Jobs: How to Be Insanely Great in Front of Any Audience*, Boston: McGraw-Hill, 김태훈 역(2010), 스티브 잡스 프레젠테이션의 비밀, 랜덤하우스 코리아.

Timothy J. Koegel (2002). *The exceptional presenter: A Proven Formula To Open Up! and Own the Room, Greenleaf Book Group Press*, 김경태 편역(2011), 프레젠테이션 발표의 기술, 멘토르.

http://www.youtube.com/watch?v=27FUgQew4KE

http://blog.naver.com/chyna875?Redirect=Log&logNo=50189399312&jumpingVid=B9BDFFBA93167F12E47F4DB8B1FFBC05E8A7

http://tvcast.naver.com/v/140898/list/13481

http://tvcast.naver.com/v/140901/list/13481

http://tvcast.naver.com/v/157299/list/15892

http://www.youtube.com/watch?v=dfD9sXoC7gA

http://ch.interest.me/tvn/VOD/VODView/201409171322/912110/60901

http://ch.interest.me/tvn/VOD/VODView/201409171322/912110/60902

제6장

비밀을 담은 비언어적 의사소통

1. 발음, 억양, 음색 등 준언어적 요인
2. 시선, 몸짓, 얼굴 표정, 거리 등 비언어적 요인
3. 비언어적 의사소통의 중요성과 활용

제6장 비밀을 담은 비언어적 의사소통

언어적 메시지에 수반하여 감정을 드러내거나 의미 변화를 초래하는 목소리, 어조, 억양, 성량, 속도 등을 준언어(또는 반언어)라고 한다. 반면 얼굴 표정, 시선, 몸짓 등 인간의 행동과 관련된 것들, 체형, 옷차림 등 인간의 외양과 관련된 것들, 거리, 공간, 시간 등의 환경적 요인과 관련된 것들을 비언어라고 한다. 보통 의사소통을 언어적 의사소통과 비언어적 의사소통으로 나눈다. 학자에 따라 준언어와 비언어를 통틀어서 비언어적 의사소통으로 다루기도 하고, 준언어를 제외한 비언어만을 비언어적 의사소통에서 다루기도 한다. 이 책에서는 준언어와 비언어를 통틀어 넓은 의미의 비언어적 의사소통으로 보고 논의를 전개하겠다.

다음은 비언어적 의사소통에 대해 생각해 볼 수 있는 자료이다. 보고 느낀 점을 말해보자.

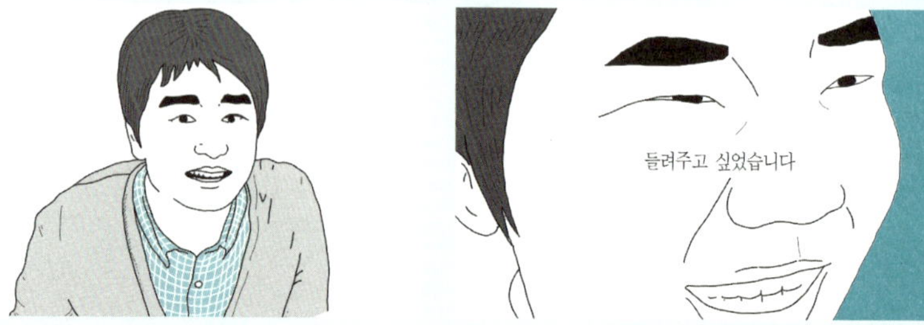

http://blog.naver.com/sz1547?Redirect=Log&logNo=220049194812&jumpingVid=C03223322BE20C7F73D55DB03C075D3FF531

[동영상 6-1] 현대 자동차 소나타 터처블 뮤직시트 광고

이 광고는 실제 청각 장애인 대한이를 주인공으로 해서 만든 광고로, 진동을 통해 청각 장애우에게 음악을 느낄 수 있도록 해 준다는 내용이다.

청각 장애우인 주인공이 진동을 통해 음악을 느낄 때의 감정 표현, 이를 바라보는 아버지의 표정과 같은 비언어적 의사소통 부분이 보는 이를 감동시킨다. 이와 같이 비언어적 요인으로도 서로를 이해할 수 있다. 비언어적 요인은 의사소통에서 매우 중요하다.

1. 발음, 억양, 음색 등 준언어적 요인

상황 1

억양에 따라 같은 말이라도 달리 받아들일 수 있다. 다음 사례1과 사례2를 듣고 기분 나쁜 이유와 그렇지 않은 이유를 말해보자.

부인: (미영이라는 딸은 영철이랑 데이트 중이다.)미영이가 고창읍성 갔다 왔대.

남편: 혼자?

부인(사례1): ('그것도 몰라?'의 어투로 퉁명스럽게 말끝을 즉시 끊으면서)
혼자↘ 갔다 왔겠어? ↗ 영철이랑 갔다 왔지.

부인(사례2): ('말도 안돼'라는 어투로 다정하게 말끝을 늘리면서)
혼자~ 갔다 왔겠어?↘↗ 영철이랑 갔다 왔지.

질문: 〈상황 1〉에 나타난 퉁명스러운 어투를 개선할 수 있는 방법은 무엇인가?

상황 2

목소리 훈련을 받기 전과 받은 후의 차이를 비교해 보자.

http://blog.naver.com/PostView.nhn?blogId=wspeech&logNo=70183347343

[음성자료 6-1] 목소리 훈련 전후 말하기의 차이

질문: 목소리를 훈련해 보려는 생각을 해 보았거나 목소리를 훈련해 본 경험이 있는가?

1) 억 양

억양이란 소리의 높낮이의 이어짐에 의해 이루어지는 일정한 유형(pattern)이라 할 수 있다. 억양에는 문법적 의미와 태도 의미가 나타난다. 동일한 문장이라도 억양을 상승조로 하느냐 하강조로 하느냐에 따라 의문문이 되기도 하고 평서문이 되기도 한다. 이 경우 억양은 문장의 유형을 결정하는 문법적 기능을 하는 것이다. 또 억양은 화자의 태도를 드러내기도 한다. 억양이 없는 단조로운 어조로 하는 말은 무미건조하다는 느낌을 주며, 필요 이상으로 억양의 변화가 심한 말은 상대방에게 뭔가에 대해서 흥분하고 있거나 과장하고 있다는 느낌을 줄 수 있다(이창덕, 2010: 142).

또한 억양은 친절 정도를 나타내기도 한다. 표준어에서는 문장의 마지막 음절을 조금 올렸다가 내려서 발음하는 억양이 있다. 이렇게 발음하면 부드럽고 친절하게 들린다. 예를 들면, "죄송해요"라는 말을 할 때 다음 그림과 같이 표현하면 친절하게 들린다.

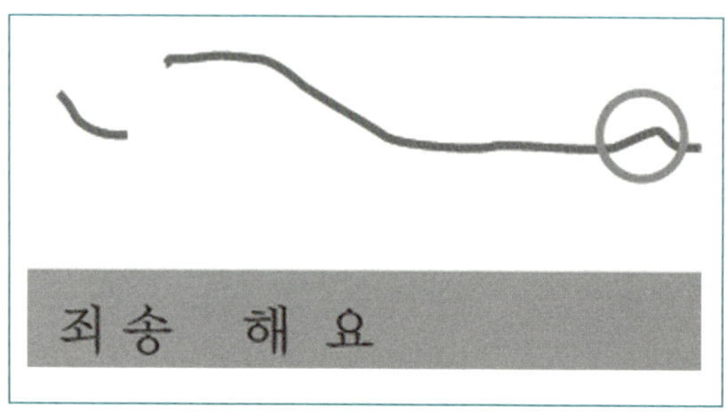

(권순희 외, 2013a: 166)

그러나 다음 그림과 같이 문장의 끝음절을 단호하게 떨어뜨려 말을 하면 무뚝뚝하고 불친절한 것으로 들린다.

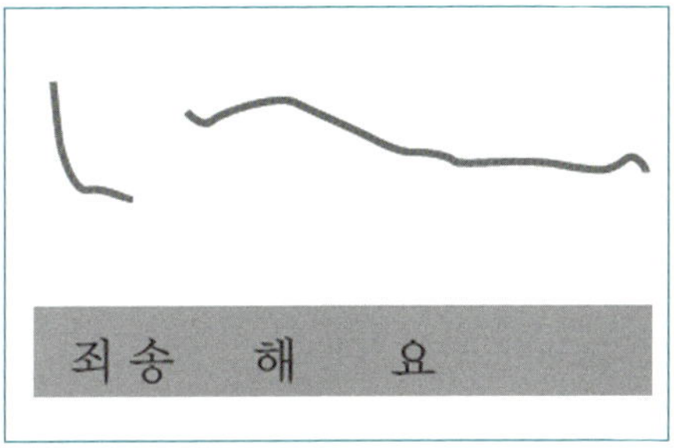

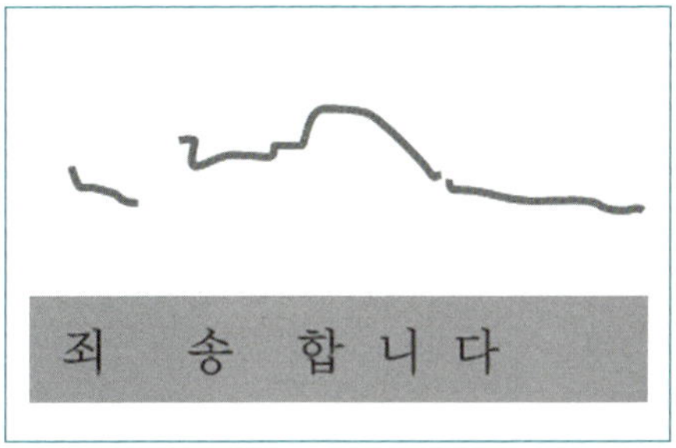

(권순희 외, 2013a: 166)

2) 목소리

목소리의 날이 있다는 것을 알고 있는가? 4월 16일은 '세계 음성의 날(World Voice Day)'이다. 이날은 1999년 브라질의 이비인후과 의사들이 "목소리의 소중함을 알리자" 면서 만들었고 2003년부터 세계 각국에서 여러 행사가 열리고 있다.

목소리에 대해 의학적으로 설명하기도 하고, 발성학적으로 설명하기도 하는데, 여기에서는 중요 개념만 살펴보겠다.

영아의 울음소리는 500Hz이고 성인 여성은 200Hz, 성인 남성은 120Hz정도 된다고 한다. Hz가 높다는 것은 성대가 많이 떨린다는 것을 의미한다. 나이가 들면 성대가 점점 내려가고, 후두 근육은 60세가 되면 딱딱해진다. 나이가 들면 목소리도 나이가 든다고 하는데 이것은 신체적인 변화와 관련이 있다.

목젖이 툭 튀어 나와 있으면 목소리는 저음으로 소리 나게 되어 있다. 남자 목소리 중에 여성스런 목소리가 있는데 이 경우 그 남자의 목젖이 덜 나온 것을 알 수 있다. 성대 점막이 있는 부분에 수분이 있어야 한다. 그런데 카페인이 많은 음료는 성대 점막을 건조하게 한다. 성대 점막이 건조하면 쉰 목소리가 나게 된다.

다리를 든다거나 허리를 숙여서 복부에 힘을 주어서 발성을 하면 큰 소리를 낼 수 있다. 앞꿈치 혹은 뒤꿈치로 몸무게 중심을 분산했을 때 발성에 변화를 줄 수 있다. 뒤꿈치를 들면 고음이 잘 난다. 호흡법에 의해 폐를 잘 활용하게 할 수 있게 하는 게 복식호흡과 복부 근육을 이용하는 것이다. 성악에서 복식호흡과 복부 근육 활용을 강조하는 것도 이 원리 때문이다. 누구나 성대의 크기를 조절할 수 있다. 좋은 목소리는 성대의 떨림만이 아니라 올바른 발음을 통해서 만들어진다. 과자를 씹는 것처럼 입을 크게 벌리는 훈련을 해 본다. 또한 목소리를 수시로 녹음하여 자신의 목소리 변화를 체크해 보는 것도 한 방법이다.

목소리도 피부와 마찬가지로 늙는다. 이비인후과 의사들에 따르면 흡연, 음주, 고함, 수다, 탄산음료, 과식, 기름진 음식, 스트레스 등이 음성의 노화를 촉진한다고 한다. 대신 물을 자주 마시고 복식호흡을 하면 목소리가 보호된다. 특히 말을 많이 하면 목소리가 빨리 늙는다고 한다. 말을 많이 할 수밖에 없는 교사나 강사에게 목병이 많은 것도 우연이 아니다.

다음은 성대의 모습이다.

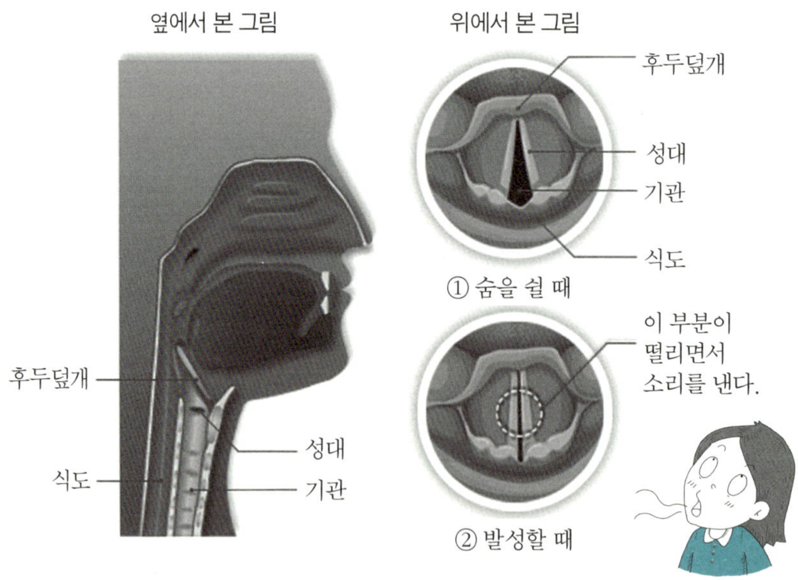

[그림 6-1] 성대의 구조와 기능

목소리에도 따뜻한 온도와 그렇지 않은 온도가 있다고 한다. 따뜻한 목소리는 소리만 떨어져서 나타나는 것이 아니라 보통 몸짓 언어를 포함한 청자의 태도와 함께 어울려 드러나게 된다.

듣기훈련을 강조한 원기범 아나운서는 "먼저 말하는 사람에게 관심을 보이고, 적당한 추임새를 넣어준 뒤 적당히 눈을 마주치고, 고개를 끄덕이는 몸짓을 보여야 한다." 고 말하고 있다.

특히 자녀와 대화하자면서 정작 본인의 이야기만 실컷 하거나 아이들의 대답을 듣는 둥 마는 둥 하는 일이 많다며 다정한 눈빛과 정성어린 추임새가 자녀의 인생을 바꿀 수 있다고 주장했다. 원 아나운서는 "목소리를 좋게 바꾸는 첫 걸음은 바로 목소리의 온도를 조절하는 것" 이라며 "자녀들에게도 늘 품격 있는 언어로 따뜻한 온도의 목소리로 말을 건네보라" 고 권유했다.[1)]

진정한 의미의 말은 내가 한 말이 아니라 청자가 받아들이는 말을 가리키는 것이라고 한다. 목소리 역시 마찬가지이다. 목소리는 생긴 그대로 사는 것이라고 생각하지 말고 청자가 어떠한 온도로 받아들일지를 생각하면서 목소리를 가꾸어 보는 노력이 필요하다.

다음은 목소리가 분위기를 변화시킨 경험을 소개한 사례이다.

> 저는 그저께 목소리와 관련해서 새 경험을 했습니다. 아침 회의 때 전날 2시간밖에 잠을 못 자 피곤한 목소리로 말했더니 회의 분위기가 좋지 않았습니다. <u>오후 회의 때 일부러 목소리를 부드럽게 했더니, 말의 내용도 달라지고 회의 분위기도 살아나더군요.</u>
>
> 목소리는 성대의 진동과 입모양의 조합에 따라 결정되지만, 공기의 떨림 이상인 듯합니다. <u>목소리에는 사람의 경륜과 인품이 녹아 있습니다. 부드럽고 따뜻한 음성은 사람의 마음을 편안하게 만들지요.</u> (P씨와의 면담 중에서)

1) 출처: '부모의 말이 바뀌면 자녀의 인생이 바뀐다' 출간 (원기범 아나운서) http://cafe.naver.com/kennywon/21

음성의 중요성을 가리키는 것으로 '메라비언의 법칙'이 있다. 미국 UCLA 심리학과의 명예교수 엘버트 메라비언이 저서 '조용한 메시지'에서 주장한 것으로, 사람이 대화할 때 호감을 느끼는 기준 가운데 말의 내용은 7% 밖에 되지 않는다고 한다. 목소리의 톤과 색조 등이 38%, 표정이 35%, 태도나 자세가 20%를 차지한다고 한다.

또 미국의 이비인후과 의사 모튼 쿠퍼 박사는 자신의 책 '목소리를 깨워라, 삶을 바꿔라'에서 "목소리가 좋으면 사회적으로 성공할 가능성이 높고 건강에도 좋다"면서 "그러나 인구의 절반 이상이 잘못된 목소리로 말하고 있다"고 말했다. 쿠퍼 박사에 따르면 많은 사람이 자신의 타고난 목소리에서 벗어난 음성으로 말하는데, 코와 입 전체가 자연스럽게 울리는 것이 타고난 건강한 목소리[2]라고 한다.

누군가와 대화할 때 부드럽고 자연스러운 목소리로 말해보고, 그 목소리에 사랑과 감사를 담아서 말해 보는 연습을 해 보자.

앞서 〈상황 2〉 동영상에서 살펴본 사례는 말을 할 때 목의 아치를 둥글게 열고 발성하도록 권장하는 연습법이다. 예를 들면, "아기와 엄마가 하하호호 웃고 있어요."라고 표현을 한다면 '아기와 엄마가' 부분을 이어서 말하되, 음악적 리듬감을 살펴 '아-'와 '엄-'에 힘을 주면서 '-기와'와 '-마가'를 부드럽게 이어준다. 이를 그림으로 표시하면 다음과 같다.

2) http://www.kormedi.com/healthletter/popView.aspx?idx=983

2. 시선, 몸짓, 얼굴 표정, 거리 등 비언어적 요인

비언어적 요인은 주로 눈빛, 얼굴 표정, 동작, 자세, 신체 접촉 등을 통하여 의미를 표현하는 것을 일컫는다. 몸의 일부 혹은 몸 전체의 움직임을 사용하여 자신이 전달하고자 하는 의미를 표현하기 때문에 이를 몸짓언어(body language)라고도 한다. 몸짓언어는 인류 보편적으로 공통된 의미를 가지는 경우와 문화에 따라 달리 해석되는 경우가 있다. 예를 들면, 기쁠 때 웃고, 슬플 때 찡그리거나 우는 것은 문화 보편적인 현상이나 엄지손가락과 집게손가락으로 동그라미를 만드는 동작은 문화에 따라 다른 의미를 나타낸다. 우리나라나 일본에서는 돈을 상징하고, 미국에서는 모든 것이 잘 되어간다는 OK의 의미로, 프랑스에서는 아무것도 없는 빈털터리 또는 별 볼 일 없음의 의미로, 지중해 국가에서는 동성연애하는 남성을 나타내는 의미로 사용된다(최미숙 외, 2012: 157-158).

몸짓언어를 텔이라는 용어로 설명하기도 한다. 텔이란 무엇인가? 직접적인 표현을 사용하지 않았지만 말하고 있다는 것이다. 몸짓, 표정 억양 등에 숨겨진 또는 숨어 있는 그 무엇이 말하고 있다는 뜻이다.

사람들의 특징적인 외모나 그들의 몸동작, 그들이 하는 말 등에 텔이 담겨 있다. 예를 들어 누군가와 대화를 하면서 서 있는 자세는 대화에 얼마나 충실한지, 상대방에 대한 기본적인 태도가 어떠한지를 말해 준다. 피터 콜릿(박태선 역, 2003)이 논의하고 있는 내용의 일부를 소개하면 다음과 같다.

(1) 초소형 텔: 비의도적인 것. 보통 얼굴에 나타나는 경우가 많다. 부정적인 감정 상태가 일시적으로 우위를 차지했을 때 우리의 표정 관리는 무너지고 초소형 텔이 나타난다.

(2) 비밀텔: 입술을 만진다든가 입 주위에 손가락 하나를 갖다 대거나 입을 다무는 표정을 지음으로써 진상을 폭로할 만한 말을 스스로 하지 않으려는 무의식적인 충동을 나타낸다. 포옹을 하면서 등을 두드리는 행위가 사실상 떼어 놓기 위한 신호로 작용하여 포옹을 풀도록 지시하는 텔을 나타

내기도 한다.

(3) 진짜텔: 사람들이 실제로 무슨 생각을 하고 있는지를 보여주는 텔이다. 실제보다 더욱 자신만만하고 우월한 척 하려 애쓸 때나 거짓말을 하고 있을 때, 그들이 불안을 숨기고 참된 의도를 은폐하려고 할 때 진짜텔이 나타나는 것이다.

(4) 거짓텔: 보여주는 텔이 예상과는 다른 경우에 해당한다. 예를 들면, 손바닥에 땀이 많이 나는 것은 어떤 사람에게는 불안을 알려주는 지표이다. 그러나 이것이 전적으로 옳은 것은 아니다. 인구의 약 5퍼센트는 체질적인 다한증 증세를 보이기 때문이다.

(5) 지역텔: 고유의 역사와 문화에 의해 형성되고, 특정한 공동체 혹은 사람들에게 한정되어 있는 텔이 있다.

(6) 서명텔: 개인적이고 강력한 습관과 같은 텔이 있다. 줄리어스 시저는 집게손가락만을 사용하여 머리를 긁적이는 버릇이 있었다고 한다. 이 행위는 시저가 필요 이상으로 머리 모양에 신경을 썼으며 자만심이 강한 사람이었다는 것을 의미한다.

(7) 시간유동 텔: 말하는 동안 사람들의 손을 관찰해보면 그들이 언급하고자 하는 물리적 대상의 모양을 설명하기 위한 제스처를 알 수 있다. 존 불워(John Bulwer)는 혀보다 앞서서 산파역을 하는 손이 제스처를 통해 생각을 이끌어낸다고 언급하고 있다(피터 콜릿, 2003: 34).

1) 눈 마주침

활동1. 눈을 마주치지 않고 대화를 해 보자. 잠시 후 눈을 마주보며 대화를 해 보자.

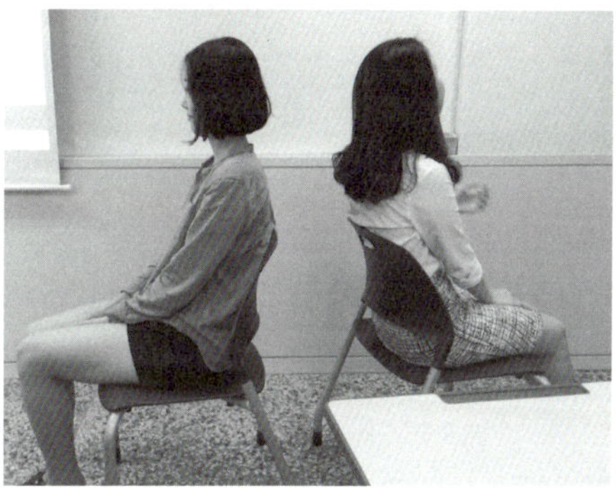

[그림 6-2] 등을 맞대고 말하는 모습

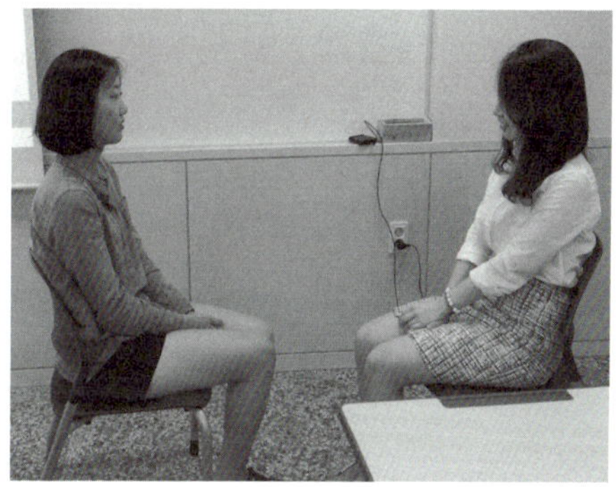

[그림 6-3] 마주보며 말하는 모습

등을 맞대고 눈을 마주치지 않고 말을 할 때에는 자기중심적인 말을 하게 된다. 상대방을 바라보지 않을 경우 상대방의 얼굴을 보지 못하기 때문에 감정을 읽기 어려우며, 상대방이 듣고 싶어 하는 말을 하려는 '배려하는 태도'도 나오지 않는다. 반면에 마주보고 대화를 할 때에는 상대방의 표정을 읽게 되고, 화제 선정에 있어서도 청자를 배려하는 것을 확인할 수 있다. 이상의 설명에 근거하여 다음 활동을 해 보자.

활동 2. 다음은 눈을 마주치지 않고 대화한 〈사례 1〉과 눈을 마주보고 대화한 〈사례 2〉이다. 두 대화의 차이를 말해 보자.

〈사례 1〉 등 대고 말하기

1엄마: 너 시험 몇 점 맞았니?

2가은: 말하기 싫어.

3엄마: 놀러 다니더니…… 응?

4가은: 몰라

5엄마: 그러니까 너 친구 데려오지 말라 그랬지?

6가은: 그거랑 무슨 상관이야.

7엄마: 뭐라고? 너는 왜 밥은 깨작깨짝 먹는 거야.

8가은: 엄마 자꾸 말 시키니까 그렇지.

9엄마: 뭐라고? 엄마에게 반항하는 거야.

10가은: 내가 말하기 싫다고 그랬잖아.

11엄마: 네가 맞먹는구나. 네가. 응?

12가은: 엄마 때문에 밥 먹기 싫어졌어.

13엄마: 뭐라고? 네가 나한테 응, 엄마한테 이럴 수가 있어. 가은아 말을 해 보라니까.

14가은: 아휴, 피곤하단 말야.

15엄마: 엄마가 더 피곤해. 엄마 이거 밥 차리면 얼마나 힘든지 알아? 장에 갔다가 시장 갔다가 옆집 아줌마랑 얘기하는데 옆집 아줌마 아들은 1등 했다더라. 너 어찌된 거야. 고3이 말이야.

16가은: 그럼, 옆집 아들 키워.

17엄마: 옆집 아들은 가은아. 그게 아니고 얼마나 엄마한테 예의가 바른지 몰라. 너처럼 엄마한테 막 대드는지 아니?

18가은: 나 밥 안 먹어.

19엄마: 먹지마 먹지마. 엄마가 다 먹을 거야. 이거.

〈사례 2〉 마주보고 말하기

1엄마: 먹어 얼른.

2가은: 예.

3엄마: (신중하게) 가은아 응, 엄마는…… 궁금해서 그래. 네가 시험 본 지 며칠 됐잖아. 왜 아무 말이 없어? 엄마는 궁금한데. 말이 없어서.

4가은: 저는 말하고 싶지 않아요.

5엄마: 엄마한테 말을 안 해. 엄마는 너 이해해 주려고 그러는데 말을 해야 알지.

6가은: 시험 못 본 것 같아서.

7엄마: 시험 못 보면 괜찮아. 너 시험 보려고 노력했어? 잘 보려고 공부했어? 공부한 것 같애?

8가은: 시험 전날은 했어요.

9엄마: 시험 전날이 뭐야? 미리미리 해야지. 공부는. 공부 못하는 애들이 시험 전날 밤 세우고 그러더라. 가은아, 너 예전에 잘했잖아.

10가은: 엄마 밥 먹는데, 말 나중에 얘기하면 안 돼요?

11엄마: 원래 밥 먹으면서 이야기 하지 언제 얘기해? 얼굴 볼 시간이 어딨니?

12가은: 체할 것 같아서 그래요.

13엄마: 별꼴이다, 얘. 다 컸다고 엄마를, 응? 많이 못 본 거야?

14가은: 응, 그런 것 같애. 평균도 안 될 것 같아.

15엄마: 그래, 밥이나 먹어.

〈사례 1〉은 마주 보지 않고, 등을 대고 대화를 한 경우이고 〈사례 2〉는 마주 보고 대화를 한 경우이다. 눈 마주침이라는 한 가지 변인만 다를 뿐인데 대화 방식에서 많은 차이가 나타난다. 〈사례 1〉에서는 상대방을 비난하거나 탓하는 발화를 주로 사용하는 반면, 〈사례 2〉에서는 자신의 감정을 솔직하게 표현하고 있다. 눈 마주침이 대화를 저해하기도 하고, 촉진하기도 하는 것이다.

〈사례 1〉에서 엄마는 "놀러 다니더니…… 응?, 그러니까 너 친구 데려오지 말라 그랬지?, 뭐라고? 엄마에게 반항하는 거야?, 네가 맞먹는구나." 등과 같이 상대방을 판단, 평가, 비난하거나 탓하는 발화를 하고 있으며, 가은이는 "말하기 싫어, 몰라." 등의 표현을 사용하여 자신의 감정을 표현하려 하지 않고 상대방과의 대화를 거부하고 있다. 반면에 〈사례 2〉에서 엄마는 "엄마는…… 궁금해서 그래, 엄마는 너 이해해 주려고" 등과 같이 '엄마는'이라는 주어를 자주 사용하고 있으며 대화를 촉진하려는 태도를 보이고 있다. 가은이 역시 "저는 말하고 싶지 않아요. 체할 것 같아서 그래요." 등과 같이 '저는'이라는 주어를 사용하거나 1인칭 주어를 생략하더라도 감정이나 자신의 상태를 표현하고 있다. 또한 성적에 대해서도 "평균도 안 될 것 같아."라고 말함으로써 자신의 고민스러운 속마음을 터놓고 있다. 이를 들은 엄마는 더 이상 상대방을 비난하거나 평가하지 않고, 상대방을 이해하고 공감하는 태도를 보인다.

같은 사람이 발화한 내용을 비교하기 쉽게 표로 정리하면 다음과 같다.

화자	등 대고 발화한 내용	대화 분석	마주 보고 발화한 내용	대화 분석
엄마	너 시험 몇 점 맞았니? 놀러 다니더니……응? 그러니까 너 친구 데려오지 말라 그랬지?	화자 중심적 말하기, 상대방을 비난함.	먹어 얼른. 가은아 응, 엄마는……궁금해서 그래, 네가 시험 본 지 며칠 됐잖아. 왜 아무 말이 없어? 엄마는 궁금한데. 말이 없어서. 엄마한테 말을 안 해. 엄마는 너 이해해 주려고 그러는데 말을 해야 알지.	신중하게 말을 꺼냄. 상대방을 배려하여 조심스럽게 이야기를 함.
	뭐라고? 너는 왜 밥은 깨작깨짝 먹는 거야.	못마땅한 행동을 언급함	시험 못 보면 괜찮아. 너 시험 보려고 노력했어? 잘 보려고 공부했어? 공부한 것 같애?	이해하려고 노력함.
	뭐라고? 엄마에게 반항하는 거야. 네가 맞먹는구나. 네가. 응? 뭐라고? 네가 나한테 응, 엄마한테 이럴 수가 있어. 가은아 말을 해 보라니까.	직접적으로 가은이를 혼내고 있음.	시험 전날이 뭐야? 미리미리 해야지. 공부는. 공부 못하는 애들이 시험 전날 밤 세우고 그러더라. 가은아, 너 예전에 잘했잖아.	공부 못하는 애들이라고 표현하여 직접적으로 가은이를 혼내지 않고, 간접적인 방법으로 혼내고 있음. 혼내는 중에도 과거에 가은이가 공부를 잘 했음을 언급함.
	엄마가 더 피곤해. 엄마 이거 밥 차리면 얼마나 힘든지 알아? 장에 갔다가 시장 갔다가 옆집 아줌마랑 얘기하는데 옆집 아줌마 아들은 1등 했다더라. 너 어찌된 거야. 고3이 말이야. 옆집 아들은 가은아. 그게 아니고 얼마나 엄마한테 예의가 바른지 몰라. 너처럼 엄마한테 막 대드는지 아니?	엄마와 가은이를 비교하고, 가은이와 옆집 아들을 비교함.	원래 밥 먹으면서 이야기 하지 언제 얘기해? 얼굴 볼 시간이 어딨니? 별꼴이다, 얘. 다 컸다고 엄마를, 응? 많이 못 본 거야?	엄마의 기분도 좋지 않지만 가은이의 기분을 배려하려 함.

	먹지마 먹지마. 엄마가 다 먹을 거야. 이거.	화를 내고 있음.	그래, 밥이나 먹어.	이해하니 밥을 먹으라고 격려함.
	총 254음절, 전체 대비 75.4% 발화		총 237음절, 전체 대비 75.5% 발화	
가은	말하기 싫어. 몰라 그거랑 무슨 상관이야. 엄마 자꾸 말 시키니까 그렇지. 내가 말하기 싫다고 그랬잖아. 엄마 때문에 밥 먹기 싫어졌어. 아휴, 피곤하단 말야. 그럼, 옆집 아들 키워. 나 밥 안 먹어.	대화를 거부하고 있음. 상대방을 배려하는 태도로 표현하지 않음.	예. 저는 말하고 싶지 않아요. 시험 못 본 것 같아서. 시험 전날은 했어요. 엄마 밥 먹는데, 말 나중에 얘기하면 안 돼요? 체할 것 같아서 그래요. 응, 그런 것 같애. 평균도 안 될 것 같아.	자신의 상태를 솔직하게 얘기하고, 자신의 감정을 얘기함.
	총 83음절, 전체 대비 24.6% 발화		총 77음절, 전체 대비 24.5% 발화	

눈 마주침은 단순히 눈을 바라보는 효과만 있는 것이 아니다. 강연을 들을 때 졸릴 때가 있는데, 이때도 강연자의 눈을 마주치게 되면 졸음이 덜 오는 효과가 있다. 또한 눈 마주침은 존중의 의미가 있다. 상대방을 존중한다면 눈을 마주쳐 주어야 한다. 그래서 서양에서는 눈에는 영혼이 있다고 보고 눈 마주침[2)]을 중요하게 여기는 전통이 있는 것이다.

다음은 EBS 〈우리 선생님이 달라졌어요〉라는 프로그램에 나온 사례이다. 선생님들이 좋은 선생님이 되기 위해 EBS '선생님이 달라졌어요'라는 프로그램에 요청을 하면 전문가 컨설턴트가 교사의 화법을 바꾸기 위해 상담을 해 주는 내용이다. 전문가들은 교사들의 말을 변화시키도록 코칭을 해 주는데 해당 교사들의 비언어적인 요인인 몸짓과 행동이 변화되는 것을 발견할 수 있다.

(예 1)과 같이 학생의 노트를 검사하면서 눈을 마주치지 않았던 교사가 학생

2) 건배를 할 때 술잔을 쳐다보지 않고 눈을 마주치는 것이 예의이고, 악수를 할 때 손을 쳐다보지 않고 눈을 마주치는 것이 예의라고 생각하는 국제적 에티켓도 이와 같은 서양 전통에 기인한 것이다.

중심의 수업을 진행하는 교사로 거듭나게 되자 (예 2)와 같이 눈을 마주치는 모습으로 변화된다. 이는 말을 바꾸니 비언어적 요인까지 바뀌었다는 의미이기도 하고, 말을 바꾸면 자연스럽게 몸짓과 행동도 바뀌게 된다는 것을 의미하는 것이기도 하다. 이와 같이 음성 언어와 몸짓언어는 떼려야 뗄 수 없는 불가분의 관계에 있다.

(예 1) 공책 검사를 하면서 학생과 눈을 마주치지 않는 모습과 팔짱 낀 모습

[그림 6-4] 변화 전: 〈우리 선생님이 달라졌어요〉, 송현숙 선생님, 부천 성주초등학교

(예 2) 학생과 눈 맞추기 위해 자세를 낮춤

[그림 6-5] 변화 후: 〈우리 선생님이 달라졌어요〉, 송현숙 선생님, 부천 성주초등학교

2) 손동작

청자나 청중을 가리킬 때 검지를 흔들면서 가리키는 경우는 오만한 것으로 이해되기 때문에 사용하지 않는 것이 좋다. 손을 펴서 손바닥이 위로 가게 하여 상대방이나 청중을 가리키는 것이 바람직하다(예 3 참고). (예 4)는 클린턴이 르윈스키와의 스캔들을 부인할 때 썼던 손동작이다.

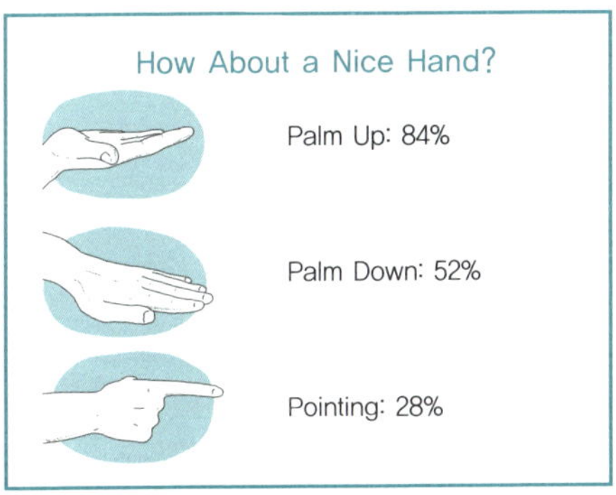

(예 3) 바람직한 손동작은 무엇일까?

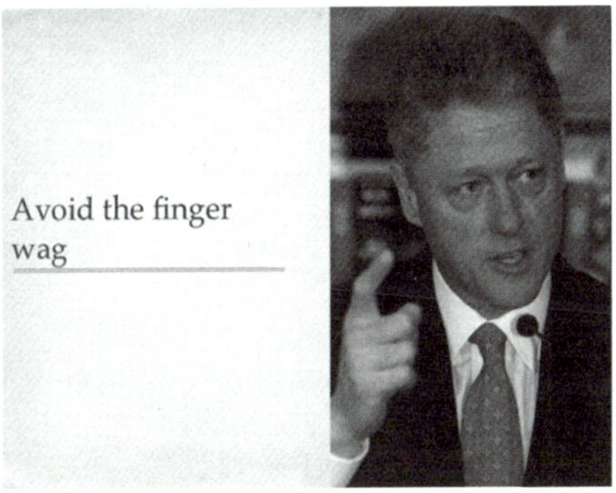

(예 4) 클린턴의 손동작

http://www.youtube.com/watch?v=cFLjudWTuGQ

문화에 따라서 손동작이 다른 의미를 나타내기도 한다. 문화권이 다른 나라의 사람들과 의사소통을 할 때에는 동일한 비언어적 표현이 서로 다른 의미로 사용되는 경우가 있기 때문에 주의해야 한다. 예를 들면 한국에서는 고개를 위 아래로 끄덕이는 것이 '예(Yes)', 고개를 좌우로 흔드는 것이 '아니오(No)'를 나타내지만, 스리랑카에서는 고개를 위 아래로 끄덕이는 것이 '아니오', 고개를 좌우로 흔드는 것이 '예'를 나타낸다. 우리나라와 정반대이다. 이처럼 문화권을 고려하지 않은 비언어적 표현은 의사소통에 장애를 불러일으킬 위험이 있다. 따라서 우리나라 사람들뿐만 아니라 세계의 여러 나라 사람들과 효과적으로 의사소통을 하기 위해서는 문화권에 따른 비언어적 표현에 대한 이해가 뒷받침되어야 한다.

인도에서는 친한 사람에게 "미안해"를 표현할 때 다음과 같이 귀에다 손을 동그랗게 만들어 가져다댄다(권순희 외, 2013b: 58).

[그림 6-6] 인도에서 '미안해'를 의미하는 몸짓

그밖에도 영미권에서는 검지와 중지를 꼬아서 "행운을 빌어"라는 의미를 나타낸다. 또한 우리나라 사람들이 승리를 나타내기 위해 검지와 중지로 V자 표시를 하는 반면에 영국, 호주, 뉴질랜드 등에서는 검지와 중지로 같은 V자 표시를 하되, 손등을 상대방에게 보이는 형식으로 표현 했을 때 '경멸'을 상징하는 비언어적 표현이 된다. 우리나라에서는 어린이를 귀여워하거나 칭찬을 할 때 머리를 쓰다듬어 주는 행위를 한다. 그러나 말레이시아에서는 머리를 쓰다듬는 행위가 '혼을 빼앗아가는 것'이라고 믿어 이를 불쾌하게 생각한다. 우리나라에서는 친한 사람의 뒷모습을 보고 아는 척할 때 등에 손을 얹거나 등에 손을 대면서 이름을 부르는 행위를 하기도 한다. 그러나 대만에서는 이러한 행동을 무례한 행위로 생각한다.

활동 3. 다음 그림에 알맞은 것을 찾아 연결해 보세요.

(가)

(나)

(다)

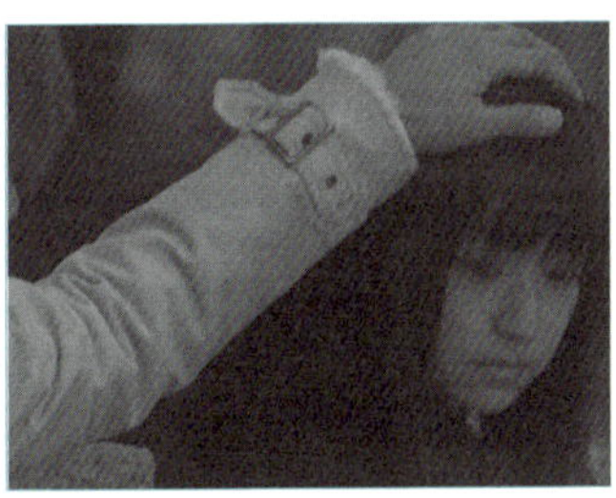

(라)

(마)

'행운을 빌어'
미국, 영국

'예(yes)'
스리랑카

혼을 빼앗아가는 행동이라고 생각함
말레이시아

무례한 행위로 생각함
대만

'경멸'의 의미
영국, 호주, 뉴질랜드

권순희 외(2013b: 58)

3) 얼굴 표정

상대방의 얼굴 표정은 의사소통에서 중요한 역할을 한다. 사람의 얼굴 표정에는 연령대, 건강 상태, 사회적 신분 정도나 성격 등의 대략적인 신상 정보는 물론 복합적인 감정 상태까지도 나타난다. 얼굴 표정은 그 사람의 감정 상태나 거짓 여부를 판단하는 데 고려 대상이 되기도 한다.

활동 4. 다음 표정을 할 때 몸동작은 어떠할지 표현해 보자. 표정과 함께 몸이 말을 한다는 것을 인식해 보자.

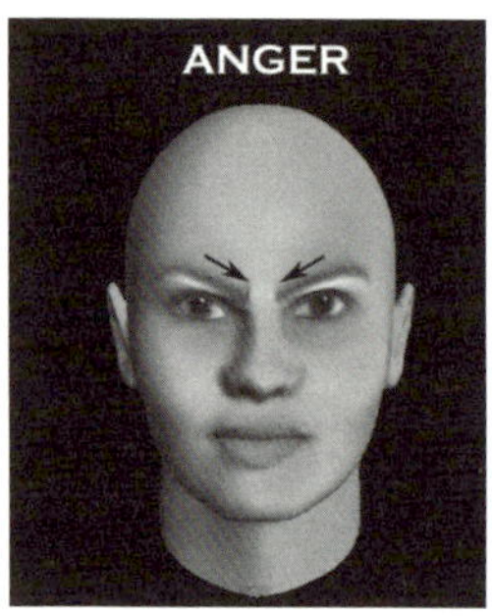

화가 났을 때

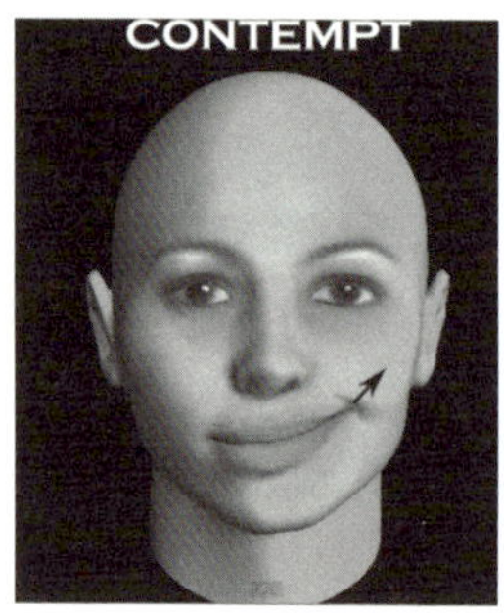

경멸할 때

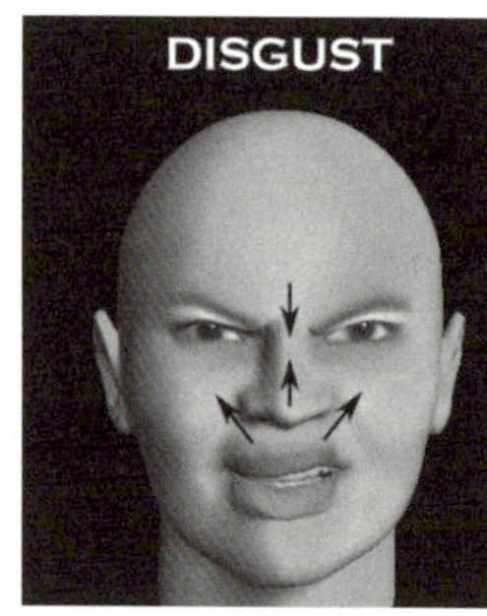

혐오할 때

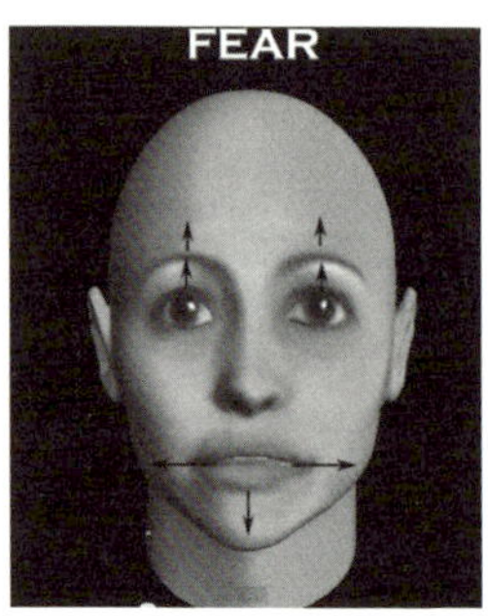

두려울 때

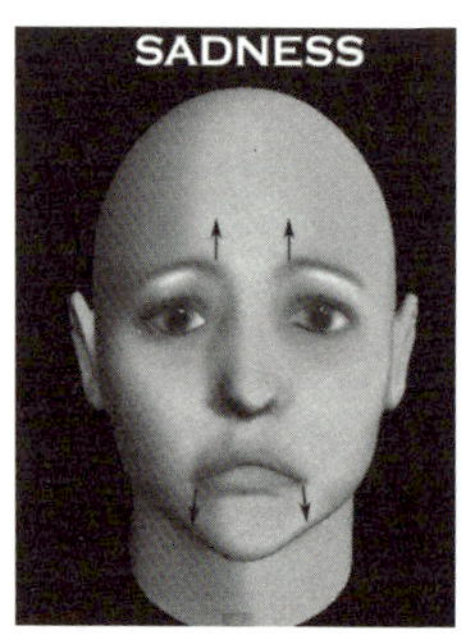

슬플 때

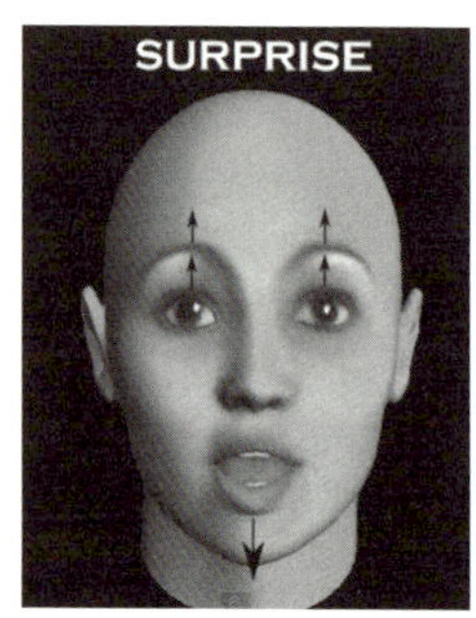

기뻐서 놀랄 때

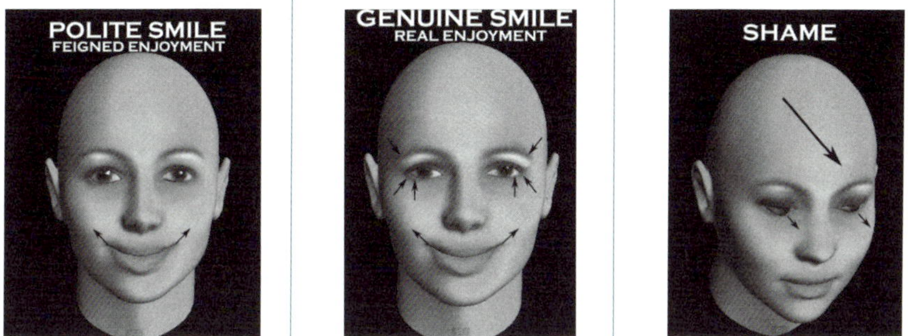

공손한 미소를 지을 때	기뻐서 미소를 지을 때	부끄러울 때

"Facial Expression Tutorial by Khappucino",
http://www.youtube.com/watch?v=TrgNKGjSyxA

[그림 6-7] 상황에 따른 얼굴 표정

3. 비언어적 의사소통의 중요성과 활용

1) 같은 말 다른 해석

같은 말이라도 상대방의 생명을 살리는 말이라고 해석할 수 있는 말을 해야 한다. 내가 어떻게 말하느냐가 아니라 상대방이 어떻게 해석하는냐에 초점을 두어 말을 해야 한다. 이것이 사회를 이루고 문화를 누리며 살아가는 인간이 그렇지 않은 짐승과 구별되는 부분이다.

생명을 불어 넣는 말과 그렇지 않은 말의 큰 차이는 실존론적인 대화이냐 무시의 대화이냐의 차이이다. 실존론적인 대화란 존재를 인정하고 존중하는 대화를 일컫는다. 무시(無視: '없이(無) 본다(視)' 즉 '업신여긴다'의 뜻)의 대화란 상대방을 존중히 여기기 않고 업신여기거나 비민주적으로 대하는 대화를 일컫는다.

다음 표현은 우리가 잘 깨닫지 못하지만 무시하는 대화의 사례이다. 실존론적인 대화로 바꾸어 말해 보자.

(1) 알아서 해~ /맘대로 해~

표현 그 자체로는 기분 나쁘지 않을 수도 있는 표현이다. 그러나 억양이나 태도에 따라, 또 화자의 평소 말투에 따라 상대방을 도와주거나 격려하는 표현으로 해석되기보다는 너의 의견을 내가 수용할 수 없으니 네 맘대로 하라는 식의 무시의 대화로 해석될 수 있는 표현이다.

이런 말들이 진정으로 평등한 관계에서의 대화를 유도할 수 있는가에 대해 논의해 볼 필요가 있다.

(2) -거든, -잖아

'-거든', '-잖아'는 말투에 따라 의미가 달라진다.

(예)
A: 압력솥이 어디 있어?
B: 싱크대에 있잖아. (퉁명스러운 말투일 경우, "그것도 몰라?"를 생략한 듯한 표현임)

'-거든', '-잖아'는 부드러운 발음으로 웃으면서 말한다면 문제가 되지 않지만 무뚝뚝하고 무시하는 표정으로 말한다면 문제가 크게 발생할 수 있는 어미이다. 비언어적 요소 및 분위기에 따라 같은 표현이더라도 청자가 달리 받아들일 수 있는 표현이다.

'(하)-거든'은 그것도 모르냐는 의미로 들릴 수 있으며, '(하)-잖아/ (있)-잖아'는 '?지 않아? 그것도 몰라?'의 의미로 들릴 수 있어 상대방을 기분 나쁘게 할 수 있는 표현이다. 이 표현은 상황에 따라 무시하는 의미가 담겨 있으니 될 수 있으면 사용하지 않는 것이 좋고 이 표현을 사용한다면 주의해서 사용해야 한다.

(3) (그것도) 몰라?

"몰라?"라는 표현에도 상대에 대한 무시가 포함되어 있다.

(예)

A: 이게 뭐야?

B: 소라. (주변 잡음이 있음)

A: 응? 우렁인가?

B: 소라, 몰라?(↗)

활동 5. 준언어와 비언어적 표현을 넣어 상황에 맞게 실감나게 표현해 보자.

아버지를 다양한 상황에서 부르는 상황극을 연출해 보자.

(위험하니 빨리 피하세요라고 말해야 하는 상황, 다급하게) 아버지!

(그렇게 말씀하시면 안 됩니다의 상황) 아~버지

('그건 비밀이에요. 비밀을 말하시면 어떡합니까?'의 상황) 아버지

(깜짝 선물을 들고 오는 상황에서 놀라면서) 아버지↗

('죄송해요' 라고 말하는 상황) (저,) 아버지

(비밀을 털어 놓아야겠다는 상황) 아버지

(아프신 아버지를 부르는 상황) 아버지

(우연히 아버지를 시내에서 만난 상황) 아버지

http://www.youtube.com/watch?v=QhiPMpJdpIY

[동영상 6-2] 아버지를 다양하게 부르는 사례

2) 같은 행동 다른 해석

활동 6. 모둠별로 주어진 상황(예를 들면, 미팅에 나가서 있었던 일)을 무언극으로 연기하며 이를 스마트폰으로 찍어 보자. 완성된 작품들을 전체 화면으로 보여주고 그 상황이 어떤 상황인지 다른 모둠에서 추측하여 알아맞히도록 한다. 그렇게 추측한 비언어적 의사소통 방식이 무엇인지에 대해 논의한다.

활동 7. 무성영화 '모던 타임즈'를 보면서 그 속에 나타난 좋은 비언어적 표현 방식을 생각해 보자.

(동영상1) http://channel.pandora.tv/channel/video.ptv?c1=01&ch_userid=ttokknd34&prgid=50865670&ref=da
(동영상2, 3) http://tvpot.daum.net/clip/ClipView.do?clipid=61585495

[동영상 6-3] 영화 '모던 타임즈'

활동 8. 다음 사례를 참고하여 일상생활 주변에서 친밀도를 체크하는 몸동작이 있는지 찾아보자.

친밀도 체크 기준	친밀도 체크 확인
• 자신이 들어간 사진 모음집에서 나는 누구와 가까이 있는가에 따라 친한 정도를 알 수 있는가?	• 대체적으로 친한 사람과 사진을 찍을 때와 그렇지 않은 사람과 사진을 찍을 때 나타나는 몸짓은 차이가 있다. 친밀할수록 친밀한 사람과 팔짱을 끼고 있거나 서 있는 공간에서 볼 때 가까이 서 있는 것을 확인할 수 있다.
• 서로가 마주보는 횟수와 시간이 친밀도를 말해 줄 수 있는가?	• 마주보는 횟수가 많을수록 또 마주보는 시간이 길수록 두 사람은 친밀한 관계이다.
• 연인들끼리라면 말을 주고받지 않는 상태에서도 긴 시간 계속해서 마주보는가?	• 보통은 얘기를 할 때 시선을 주고받지만 연인들끼리라면 말을 주고받지 않는 상태에서도 긴 시간 계속해서 마주본다.
• 마주 향한 정도가 강할수록 친한 사이인가?	• 나란히 앉아 있는데도 서로 얼굴을 마주보며 얘기하고 있다면 상당히 친한 사이이다. 서로 마주보며 앉아 있는데도 서로의 시선이 마주치지 않도록 반대 방향으로 비스듬히 앉아 있다면 오히려 소원한 관계이다.
• 접근 거리로 친한 관계를 알 수 있는가?	• 친한 사람들끼리 서로의 몸에 접근한다. 남녀 커플이라면 어깨와 어깨 사이가 약 20cm가 표준적인 거리이다. 이보다 가깝다면 아주 친한 사이이다.
• 동성끼리도 거리로 친밀도를 가늠할 수 있는가?	• 대면하고 있는 경우에도 상반신, 특히 머리의 거리를 기준으로 친밀도를 예측할 수 있다.

❑ 참고 문헌 및 참고자료

권순희 외(2013a). 북한이탈주민의 대한민국 정착을 위한 생활 말하기, 도서출판 하우.

권순희 외(2013b). 다문화교육 프로그램 세상 보기, 생각 넓히기(동영상 개발 자료집), 중앙다문화센터.

이창덕, 임칠성, 심영택, 원진숙, 박재현(2010). 화법 교육론, 역락.

최미숙, 원진숙, 정혜승, 김봉순, 이경화, 전은주, 정현선, 주세형(2012). 국어교육의 이해, 시사평론.

피터 콜릿(2003). 몸은 나보다 먼저 말한다, 청람출판.

영화, 〈모던 타임스〉

EBS, 〈우리 선생님이 달라졌어요〉

http://blog.naver.com/PostView.nhn?blogId=wspeech&logNo=70183347343

http://blog.naver.com/sz1547?Redirect=Log&logNo=220049194812&jumpingVid=C03223322BE20C7F73D55DB03C075D3FF531

http://cafe.naver.com/kennywon/21

http://channel.pandora.tv/channel/video.ptv?c1=01&ch_userid=ttokknd34&prgid=50865670&ref=da

http://rkdtkvhfja.netorage.com:8711/cgi-bin/fileindex.cgi?cmd=read&uid=rkdtkvhfja&indexid=4C9065ED6D6F1BE9&fpw=36910529

http://tvpot.daum.net/clip/ClipView.do?clipid=61585495

http://www.kormedi.com/healthletter/popView.aspx?idx=983

http://www.youtube.com/watch?v=cFLjudWTuGQ

http://www.youtube.com/watch?v=QhiPMpJdpIY

http://www.youtube.com/watch?v=TrgNKGjSyxA

제7장

관계를 살리는 언어 예절

제7장 관계를 살리는 언어 예절

첫 직장에 처음 출근한 날, 당신은 누구로부터 어떤 인사를 받았는지 기억하는가? 그리고 상사나 동료는 어떤 인상으로 당신을 맞아주었고, 여러분을 어떻게 불렀는가? '내가 그의 이름을 불러주었을 때 그는 나에게로 와서 꽃이 되었다.'는 김춘수 시인의 시구(詩句)는 직장에서도 인간관계와 대화에 폭넓게 적용된다. 상사나 동료들이 나를 어떻게 불러주느냐에 따라 그리고 그들이 나의 삶에 어떤 의미로 인식되는가에 따라 직장은 나에게 천국이 될 수도 있고 그 반대가 될 수도 있다.

누군가를 존중하고 배려하는 마음을 갖는 것은 그 누군가와 더불어 잘 살아가기 위한 필수 조건이다. 그러나 이 존중과 배려의 마음은 말로 '표현'되지 않으면 상대방에게 전달되기 어렵다. 물론 의사소통 상황에서 말하는 사람의 마음은 언어뿐 아니라 비언어와 준언어, 행동 등과 함께 표현된다. 사회 구성원 상호 간에 지켜야 하는 최소한의 존중과 배려의 기준을 '언어 예절'이라 할 때, 사회생활을 하면서 지켜야 할 언어 사용의 원리와 다양한 상황에서 어떤 언어 예절을 갖추어야 할지 알아보도록 하자.

1. 우리의 일상 언어 예절

상황 1

나는 그의 말에 화가 났다. 굳이 그렇게 싹둑 잘라 말하지 않아도 될 텐데 그는 무 자르듯 차갑게 대답했다.

"됐어요. 일정을 연기할 수 없어요."

"그렇게 지적해도 못 고치는군. 아니 못 고치는 게 아니라 고칠 생각이 없는 거겠지!" 이렇게 투덜대며 애꿎은 전화기만 쾅하고 내려놓았다.

나는 방금 그에게 전화를 해 모임의 성격상 꼭 필요한 VIP를 참석시키려면 일정을 조정해야 할 것 같다고 말했다. 나는 모임에 참석해 줄 VIP를 섭외하는 책임을 맡고 있었는데 일정이 너무 촉박해 섭외하기가 어려웠다. 이미 많은 회원들로부터 이번 모임에 반드시 그 VIP를 모셔야 한다는 압박을 받은 터라 아직 회원들에게 일정을 알리지 않았다면 일정을 바꾸는 게 좋을 것 같아 전화를 했던 것이다. 상황이 어쩔 수 없다 하더라도 나 같으면 이렇게 말했을 것이다.

그는 평소에 솔선수범해서 남을 돕는 모습을 보여주었다. 때문에 나는 그를 마냥 좋은 사람이라고 생각했었다. 그러나 조금 더 친해지자 그의 차가운 말투 때문에 정나미가 떨어지고 말았다.

– 이정숙, 〈한국형 대화의 기술〉, p.157-158

상황 2

신입 사원이 들어와서 모처럼 팀 전체 회식을 했다. 모처럼 팀 사람들이 모두 모인 자리는 즐거웠고, 식사가 끝나자 다 같이 술자리로 자리를 옮겨 11시가 넘는 시각까지 화기애애한 시간을 보냈다.

잔뜩 긴장해 있던 신입 사원은 여러 상사들이 주는 술을 받아 마시다 보니 어느 새 많이 취했고, 긴장이 풀린 상태라 어린 시절이나 학창 시절 이야기를 스스럼없이 털어놓기도 했다. 40대의 노 과장은 신입 사원과 같은 동네에 살고 있어, 귀갓길에 택시를 타고 가면서 이런저런 사적인 이야기를 나누었다.

다음날 아침, 일찍 출근한 노 과장은 그 신입사원으로부터 문자 한 통을 받았다.

"언니, 오늘 아침에 깨니 속이 너무 아파요. 저 오늘 조금 늦을 것 같아용."

질문1: 〈상황 1〉의 '그'와 〈상황 2〉의 '신입 사원'에게 나타난 언어 사용의 문제는 무엇인지 말해보자.

질문 2: 〈상황 1〉의 빈칸에 들어갈 표현을 채워 넣어 보자. 먼저, 평소의 여러분이라면 어떻게 말했을지를 생각하고, 다음으로는 상대의 기분을 상하게 하지 않으면서도 거절 의사를 잘 전달하는 방법을 생각해 보자.

2. 대화에서 배려와 존중을 느끼지 못하는 이유

1) 구성원들마다 언어 예절에 대한 기대치가 다르다

가끔 사람들은 누군가를 탓하며 '기본이 안 돼 있다'라든지, '상식에 어긋난다'는 말을 하곤 한다. 그런데 그때 말하는 '기본과 상식'은 어떠한 것인가? 연령이 다르고, 성별이 다르고, 출신 지역이 다르고, 전공이 다르고 또 다양한 취향을 가진 사람들이 같은 시공간을 점유하여 대화를 나누고 관계를 맺고 살아간다고 할 때, 그 '기본과 상식'의 수준이나 내용 또한 다를 수 있음을 기억해야 한다.

세대 간에 서로 다른 '기본과 상식'을 가질 수 있다는 것만 예를 통해 살펴보고자 한다. 40대 이상의 연령대에서는 어른 앞에서 아랫사람이 말을 아끼고, 또 그 말을 하더라도 매우 신중하고 조심할 것을 기대한다. '동방예의지국'이라는 말에서 알 수 있듯이, 전통적으로 한국사회에서는 사람들 사이에 예의를 강조해왔다. 언어 표현 측면에서 신중한 말하기를 강조하는 한편, 자녀나 제자를 훈육하고 교육할 때 상대방에 대한 정중한 예절을 갖추도록 강조했다. 인간은 원래 자기중심적으로 생각하고, 말하고 행동하게 마련인데, 이를 바로잡아 상대의 입장과 처지를 고려하여 자기주장과 이익을 절제하고 상대의 주장과 이익을 배려하는 것이 그 예절의 기본이다. 〈맹자〉에서는 인간이 성숙한 사람이 되기 위해 갖추어야 할 중요 덕목으로서 4단(四端-仁, 義, 禮, 智)을 강조하고 그 가운데 '예(禮)'의 기본은 '겸양의 도리[謙讓之道]'를 지향하여 상대에게 자신을 낮추어 말하는 것이라고 보아왔다.[1)]

그런데 시대가 바뀌면서 이러한 전통예절을 강조하고 전수하는 분위기가 약화되었고, 젊은 세대들 중에서는 자신의 생각이나 주장을 솔직하고 직접적으로 표현하는 것을 당연하게 여기는 사람이 늘고 있다. 이러한 문화 변화에는 산업화, 도시화에 따라 가족의 형태가 핵가족으로 변하고 가구당 자녀수가 급격히 감소한 것과 같은 사회 구조적 요인, 민주주의 사회 구성원으로서 개인의 자유로운 의사 표현 능력을 신장하고자 하는 정치·교육적 요인 등이 복합적으로 작용한 바 있다.

이와 같이 전통적 언어 예절을 기대하는 사람과 상대적으로 더 개방적인 언어 예절을 기대하는 사람들이 대화를 나눌 때, 기본적인 대화에 대한 기대치가 다르기 때문에 문제가 발생할 수 있다. 예를 들어, 직장에서 상사가 부하 직원의 잘못이나 실수를 지적하는 상황에서 연령대가 더 높은 상사는 부하 직원이 침묵하며 반성하

1) 〈맹자(孟子)〉 공손추(公孫丑) 상(上)편, 四端說, 辭讓之心 禮之端也.

는 모습을 보이기를 기대하지만, 연령대가 더 낮은 부하 직원의 경우 자신이 왜 그런 잘못을 하게 되었는지를 해명해야 할 필요를 느껴 말을 시작하기도 한다.

기대치가 달라서 상대와의 대화에서 문제가 발생하는 또 다른 경우는 '나와 상대의 관계'를 규정하는 방식이 불일치할 때이다. 예를 들어, 자신과 상대의 관계에 있어, 공과 사를 가리지 않고 '아주 친밀하다'고 규정하는 부하 직원이 있다. 그런데 그 상사는, 사적인 차원에서 부하 직원과 '어느 정도 친밀하다'고 생각하지만 공적인 차원에서는 일정한 거리를 유지하고 싶어 한다. 이처럼 서로에 대한 관계 규정이 일치하지 않을 때, 호칭을 사용하거나 지시나 요구하는 내용의 대화를 나눌 때 불화를 겪기도 한다. 앞서 살펴본 〈상황 2〉에서 신입사원은 술자리에서의 친밀감을 너무 쉽게 사무실의 관계에까지 전이시켰고, 그로 상사를 당황하게 하는 의사소통을 하게 된 것이다.

한국어의 존댓말은 주체나 상대를 얼마나 높이는가를 나타내기도 하지만 상대와의 심리적 거리를 나타내는 척도가 되기도 한다. 친밀한 동료 사이에 시종일관 깍듯한 존댓말을 하면 상대가 왠지 모를 거리감을 느끼게 되고, 첫 대면부터 반말을 하는 사람을 만나면 자연스럽게 그를 무례하다고 생각하게 된다. 둘만 있을 때는 반말로 해도 되지만 여러 사람 앞에서나 모르는 사람이 있을 경우에는 존댓말을 해야 예절을 지키게 되는 경우도 있다. 직장에서도 나이와 지위, 친소 관계에 따라 존댓말을 가려서 사용하는 것이 필요하다. 다만, 상대가 나를 가깝게 여기는 정도를 고려하지 않고 성급하게 그 사회적 거리를 좁히려고 해서는 안 된다. 상대가 거리를 좁히기를 요구하기 전에 상대가 생각하는 거리보다 가까이 다가서는 것은 예의가 아니다.

2) 대화의 목적을 좁게만 인식한다

부하 직원의 연이은 지각을 발견했을 때 상사로서 당신은 어떤 반응을 할 것인가, 그리고 당신의 상사는 어떤 반응을 하는 사람인가? 당신, 그리고 상사의 반응은 다음의 A와 B 중 어느 편에 가까운가?

A "김 주임, 오늘은 왜 또 늦은 거야? 이런 정신 상태로 일은 제대로 하겠어?"	vs	B "김 주임, 오늘 조금 늦었네. 무슨 일 있나?"
↓		↓
부하 직원의 대답: 죄송합니다.		부하 직원의 대답: 죄송합니다. 오늘 지갑을 지하철에 두고 내리는 바람에 유실물 보관센터에 갔다 오느라 조금 늦었습니다. 다음부터 더 조심하겠습니다.
부하 직원의 속마음: 지도 어제 늦었으면서 맨날 아랫사람들만 뭐라 그러지.		부하 직원의 속마음: 내일부터는 늦지 않게 조심해야겠다.

직장 상사가 A라고 반응하면, 부하 직원은 '죄송하다'는 말밖에 할 말이 없다. '죄송하다'는 부하 직원의 대답에 대해 직장 상사 또한 '내일부터는 늦지 마라'는 내용을 말하고 대화를 끝내게 된다. 그러나 직장 상사가 B라고 반응하면, 부하 직원은 자신이 늦을 수밖에 없었던 이유를 털어 놓을 수 있다. 그러면 아침부터 정신없이 뛰어다니고 분주했을 부하 직원의 처지에 대한 안타까움과 안쓰러움을 표현하면서도 내일부터 늦지 않게 조심해 달라는 당부를 덧붙일 수 있다.

상사와 부하 직원의 관계는 업무를 잘 처리해야 하는 과제 측면에서 같은 편으로서의 공동체 속에 있다. 이들이 '한 번' 혹은 '몇 주, 몇 달'만 볼 사이가 아니며, 앞으로 수많은 과제나 업무를 함께 처리해 가야 한다는 점에서 이들은 서로 원만한 관계를 유지해 나가는 것도 중요하다. 이러한 원만한 관계는 다시 효과적인 업무 처리로 이어진다.

부하 직원이 정시에 출근하고, 주어진 일을 제대로 하도록 하는 업무 효율성을 단기간에 향상시키고자 한다면 A처럼 말할 수 있다. 그럴 경우 다음날 그 직원은 늦지 않으려고 노력할 것이다. 물론 상사는 그 발화를 통해 소기의 목적을 달성했다. 그러나 상사에 대한 그 부하 직원의 이미지는 나빠질 것이고, 이것이 업무 진행의 보이지 않는 국면에 분명히 작용하게 된다. 대화는 업무 성취 측면의 목적만이 아니라 관계 측면의 목적도 동시에 추구하는 장르임을 기억해야 한다. 같은 시공간에서 직장 구성원들은 공동의 업무 목표를 추구하는 동료이며, 동시에 그러한 업무를 통해 상호간에 관계를 맺고 또 발전시키는 과정을 통해 삶의 지평을 넓혀나간다.

3) 바람직한 대화를 위한 노력을 덜 기울인다

자신에게 어떤 문제가 있냐고 물었을 때 '저는 대화를 잘 못해서 그게 문제예요.'라고 말하는 사람은 드물다. 그러나 정작 자신의 대화 생활을 돌이켜볼 때 '대화를 잘한다.'고 자부할 만한 사람도 많지 않다. 이처럼 인식과 수행의 간극이 생겨나는 이유는 무엇인가? 사람들이 관심을 가지고, 적극적으로 문제점을 찾아내고 해결책을 모색해야 할 분야로서 대화에 주목하지 않기 때문이다.

인간은 누구나 세상에 태어나는 순간부터 타인과 소통하며, 언어 발달이 완전한 수준에 이르기 전부터도 하루에 많은 시간을 대화에 할애한다. 그러나 정작 자신이 대화를 잘하고 있는가, 자신의 대화에 문제가 있지는 않은가에 대해 반성하는 경우는 드물다. 그렇기 때문에 대화를 잘하기 위한 방법을 모색하지 않으며, 대화에 대한 교육 또한 부족하다.

자신의 일상적인 대화를 10분 정도 녹음해서 들어본 사람들은 대체로 녹음 파일의 주인공에 대해 낯설어 한다. 순서 교대와 관련해서 자신이 얼마나 자주 다른 사람의 발화를 끊어버리는지, 대화 화제와 관련해서 자신이 원하는 대화 화제를 얼마나 고수하는지, 타인에 대한 공감도 측면에서 자신이 다른 사람들의 발화에 얼마나 공감적 반응을 보이는지 혹은 타인의 대화 내용이나 참여에 대해 얼마나 관심을 갖고 있는지 알고 있는가? 우리는 다른 사람과의 대화에서 상대의 말의 내용이나 표현 방식이 이상하고, 고약하다는 생각은 자주 하지만, 정작 자신의 대화 내용이나 표현 방식이 어떠한지를 정확하게 알지 못한다. 더 좋은 대화자가 되기 위해 필수적인 자기 진단부터가 이루어지고 있지 않은 것이다.

이러한 무관심은, 바람직한 대화 방식이나 원리를 찾기 위한 노력을 기울이지 않는 것으로 확장된다. 모든 상황에서 가장 적절한 대화를 나눌 수 있는 능력을 가진 사람도 없고, 그에 이를 수 있는 왕도 또한 존재하지 않는다. 단, 자신이 나눈 대화가 대화 상대자(들)에게 상처를 주거나 불편함을 주지 않았는지, 만약에 어떤 발화가 상처 혹은 불편함을 주었다고 판단했다면 그 발화를 어떻게 수정 혹은 개선해야 할지에 대해 고민해야 한다. 또 누군가와 대화를 나누었을 때, 존중 받고 배려 받고 있다는 느낌 혹은 대화 몰입도가 높고 만족도가 높았다면 그 사람의 어떤 대화 방식이 혹은 대화 내용이 그러한 평가에 기여했는지를 분석하는 것도 필요하다.

3. 대화를 통해 배려와 존중을 나누는 방법

1) 의사소통의 원리와 예절에 대한 이론

(1) 의사소통의 일반원리

의사소통 과정에 작용하는 일반 원리를 알아야 상대를 배려하면서 예절을 지키는 대화하는 방식을 개선할 수 있다.

첫째, 전인성(全人性)의 원리이다. 인간의 소통은 말로만 이루어지는 것이 아니라 그 사람의 전인격을 통해서 이루어진다는 점이다.

둘째, 상황맥락 의존의 원리이다. 같은 말이라도 언제, 어디서, 누가, 어떤 의도로 말을 했는가 하는 점이 의사소통의 성패를 결정한다는 것이다. 같은 내용이라도 시간과 장소, 상대의 처지, 상대와 관계를 고려하고, 말하는 목적과 의도가 이기적이지 않은지, 나만의 감정에 치우쳐 말하는 것이 아닌지 등을 검토하는 것이 중요하다.

셋째, 담화 전개 일관성과 응집성의 원리이다. 대화는 갑자기 한 두 마디 던져서 이루어지고 끝나는 것이 아니라 앞뒤의 맥락, 태도 등이 일관성이 있어야 원활하게 이루어진다는 것을 염두에 두어야 한다. 내용이나 표현 방식 등이 일관성이 없으면 효과적인 의사소통이 이루어지기 어렵다.

넷째, 지식과 지적 능력의 원리이다. 상대와 원활한 소통을 위해서는 상대의 지식과 지적 능력을 고려해야 원래 화자가 의도한 소통 목적을 달성하고 상대와 관계도 문제가 없다는 것을 알아야 한다. 자신의 지식 많음을 자랑하거나 상대가 모르는 내용을 어려운 어휘를 사용하여 말한다면, 소통이 제대로 이루어지지 않을 뿐 아니라 상대에 대한 기본 예의를 어기는 것이다.

(2) 예절성(공손성)의 원리

리치(Leech, 1983)는 바람직한 대화적 상호작용을 위해서 지켜야 하는 '예절성(공손성)의 원리'를 강조하고 여섯 가지를 하위 격률을 제시하였다. 이 여섯 가지 격률을 아래 표에서 살펴보면, 왼쪽은 상대방에 대한 것으로 오른쪽은 자신에 대한 것으로 구분되어 있음을 알 수 있다. 여섯 격률을 지배하는 일반적인 원칙은 대화에서 예절을 갖추는 기본은 '자신보다 상대를 중시한다.'이다.

[표 7-1] 예절성(공손성)의 원리

(1) 요령의 격률(Tact Maxim) a. 상대의 부담을 최소화하라. b. 상대의 이익을 최대화하라.	(2) 관용의 격률(Generosity Maxim) a. 자신의 이익을 최소화하라. b. 자신의 부담을 최대화하라.
(3) 칭찬의 격률(Approbation Maxim) a. 상대에 대한 비방을 최소화하라. b. 상대에 대한 칭찬을 최대화하라.	(4) 겸양의 격률(Modesty Maxim) a. 자신에 대한 칭찬을 최소화하라. b. 자신에 대한 비방을 최대화하라.
(5) 동의의 격률(Agreement Maxim) a. 상대와 자신의 차이를 최소화하라. b. 상대와 자신의 일치를 최대화하라.	(6) 공감의 격률(Sympathy Maxim) a. 상대와 자신의 반감을 최소화하라. b. 상대와 자신의 공감을 최대화하라.

예절성(공손성)의 원리는 '상대'에게는 '긍정적인 것'을 최대화하고, '자신'에게는 '부정적인 것'을 최대화하면서, 상대와 나의 '생각과 감정의 일치'를 최대화하고 '생각과 감정의 불일치'를 최소화하는 방향을 제시한다. 이를 통해 상대와 대화를 나눌 때 '자신'보다는 '상대'를 배려하고 존중해야 한다는 점을 강조한다.

- "김 과장, 얼른 이 보고서 먼저 수정해."
- "김 과장, 이 보고서 먼저 좀 수정할 시간 되나?"
- "김 과장, A 사업 현황 보고 준비하는 거 아는데, 내가 급해서 그러네. 이 보고서 수정 좀 먼저해 줄 수 있겠나?"

이는 박 부장이 김 과장에게 '보고서 수정을 요청'하는 표현들이다. 동일한 의도를 전달하지만, 그 표현의 양상이 달라지는 것을 확인할 수 있다. 의사소통의 효율성만을 도모하고자 한다면 "얼른 이 보고서 먼저 수정해." 만으로도 용건이 충분히 전달된다. 그렇지만 회사에서 이런 요청이나 지시를 듣는 '김 과장'들은 어떤 기분일까? 사람들이 이러한 직접적인 명령보다 간접적인 방법, 즉 질문을 통해 상대의 의사를 물어보는 방식을 선택하는 것은 곧 상대를 고려하는 방법이다. 대화 참여자들이 서로의 인격을 존중하고 예의를 갖추려고 노력하는 이 예절성(공손성)의 원리야말로 대화를 움직여가는 기본적인 원동력이다(이창덕 외, 2010: 230). 이 예절성(공손성) 원리를 기반으로 말을 정중하게 할 수 있는 사람은 원만한 대인 관계를 맺을 수 있고, 이러한 원만한 대인 관계는 성공적인 직장생활, 사회생활을 하는 데 필수적이다.

A: 제가 좀 늦었습니다. 직전에 있었던 회의가 조금 길어져 이렇게 기다리게 했습니다. 죄송합니다.

B: <u>괜찮아요. 덕분에 가을 경치 감상을 제대로 했어요. 정신없이 살다 보니 하늘 한 번, 단풍 한 번을 제대로 못 봤거든요. A씨 덕분에 이런 여유를 다 누렸어요.</u> 그런데 김 부장님도 아직 도착을 안 하셨는데요.

A: 아 네, 사실은 제가 조금 전에 참여했던 회의가 덜 끝나서 김 부장님은 거기 남아 계시고 저만 왔습니다. 일단 급한 행사 진행과 관련된 부분에 대한 협의를 마쳐야 할 것 같고, 다른 부분은 여유가 좀 있으니 다음 회의 때 논의해도 될까요?

B: 네. 그러셨군요. <u>이럴 줄 알았으면 제가 A씨 회사 쪽으로 갈 걸 그랬습니다. 오늘은 행사 진행과 관련된 부분 협의만 하면 된다는 말씀이시죠. 일찍 마칠</u>

것 같은 예감이 드는데요. 하하하.

위의 대화의 A와 B는 협력 관계에 있는 회사의 직원들로, 해당 사업을 진행하면서 몇 번 만나 회의를 진행한 적이 있다. A가 본인 회사업무와 관련된 다른 회의 일정이 길어져서 B와의 회의 장소에 늦게 도착하였다. A가 미안해하며 사과를 하자 B는 기다리는 시간 동안 가을 경치 감상을 제대로 했다며 오히려 바쁜 일상 속에서 여유를 누릴 수 있었다며 고맙다고 말한다. 이는 미안함을 느끼는 A의 심리적 부담을 줄여주기 위한 전략이며, 공손성의 원리 중 '요령의 격률'을 실천한 것이라 볼 수 있다.

공손성의 원리에 따라 말할 내용을 선정하려고 해도, 직장에서는 업무를 추진해야 하는 공동의 목적이 존재하기 때문에 어쩔 수 없이 상대에게 일을 분담해야 하고, 부탁을 해야 하고, 상대의 틀린 점이나 적절하지 못한 점을 지적하기도 해야 한다. 그런 말을 할 때에도 최대한 상대가 존중과 배려를 받고 있다고 느낄 수 있게 하려면 다음과 같은 방법을 고려해 보자.[2)]

① 간접 대화 행위로 요청을 표현한다.(예: 이미 다른 일들이 많아 부담스러우실 걸 알지만, 그래도 좀 도와주시면 좋겠어요.)
② 말 사이에 주저할 때 사용하는 대화 표지를 사용한다. (저어, 있잖아요.)
③ 상대방의 부담을 줄이기 위한 표현을 사용한다. (조금만, 한 번, 잠깐)
④ 사과하는 말을 하거나 용서를 구하는 말을 한다. (죄송합니다만, 바쁘신거 알지만 실례하겠습니다.)
⑤ 직접적 지시보다 질문을 통해 간접적으로 지시한다. (이번 주 비상근무 좀 해줄 수 있겠나?)
⑥ 상대의 가치를 인정하는 표현을 한다. (지난 번 한 과장님 프레젠테이션은 정말 최고였어요. 바쁘시겠지만 저희 팀 프레젠테이션을 한번 봐 주실

2) 구현정(2009) 참조.

수 있나요?)

(3) 체면유지의 원리

Brown과 Levinson(1987)은 대화 과정에서 상대를 어떤 방식으로 대하는가를 상대의 체면을 얼마나 고려하는가에 따라 나누고 그 때 작용하는 대화의 원리를 '체면 유지의 원리'로 설명하고 있다. 대화에 참여하는 사람들은 대화 목적을 달성하는 것을 중요하게 생각하지만, 동시에 상대의 체면과 자신의 체면을 중요한 대화 전개의 작용 요소로 생각한다.

대화 과정에서 대화 참여자는 체면과 관련하여 상대방의 체면을 얼마나 고려하는가에 따라 다섯 가지 전략 가운데 하나를 선택할 수 있다. 이는 언어예절과 관련하여 생각하면 예의를 전혀 지키지 않는 수준부터 완전히 상대의 마음에 맞추어주는 수준까지 나누어 생각할 수 있다. 첫째, 예의를 전혀 갖추지 않고 위협을 해서라도 자신의 목적을 달성하는 전략이다. 불량배들이 금품을 갈취하거나 선배가 후배를 위협해서 자신의 이익을 취하는 경우 등이 이에 해당한다. 둘째, 상대의 체면을 손상시키는 행위를 하되, 상대의 유대감과 친밀감을 강조하고 칭찬과 존경을 표시하는 적극적 체면 전략이다. 차이보다는 공통점을 강조하고, 상대에 대해 최선을 다해 대하고 있다는 것을 명시적으로 나타내면서 자신의 목적을 달성하고자 하는 전략이다. 셋째, 상대에게 자신의 목적과 의도를 표현하되 적극적으로 다가가거나 요구하기보다, 거절당하더라도 자신의 체면이 손상당하지 않도록 방어적 자세로 임하는 소극적 체면 전략이다. 상대에게 적극적으로 다가가지 않고 상대의 권리를 인정하면서도 자신의 권리와 체면이 손상당하지 않도록 유의하는 방식이다. 대체로 상대를 방해해서 미안하다든지, 상대의 부담을 주고 싶지 않다든지, 무엇을 도와주면 고맙겠다든지 하는 표현을 하는 경우가 많고, 자신의 권리와 체면이 손상당하지 않는 선에서 말과 행동을 한다. 넷째, 자신의 의도와 목적을 명시적으로 밝히지 않고 암시적이고 간접적으로 드러내는 전략이다. 자신의 목적과 의도를 상대방이 알아주기를 바라면서 상대가 인식하지 못하거나 인식하고도 자신의 요구를 들어주지 않아도 전혀 서로의 체면을 손상할 위험이 없다는 점에서 앞서 제시한 '소극적 체면 전략'보다도 더 방어적이라 할 수 있다. 다섯째, 자신의 요구와 원하는 바를 명시적이든 암시적이든 전혀 밖으로 표현하지 않는 체면 위험 불이행 전략(침묵 전략)이다. 상대방과의 관계를 생각하거나 상대의 체면을 위협하고, 자신의 체면이 손상당할 위험을 생각해서 아무 것도 하지 않고 기다리는 전략이다. 체면 손상의 위험이 없고, 예의에 어긋나는 일도 없지만 상대방과 소통하여 목적을 달성하고, 관계를 유지, 발전해 나간다는 점에서는 바람직하지 않은 전략이다.

직장 생활을 하다 보면 의도하지 않게 혹은 불가피하게 누군가를 불편하게 하거나, 피해를 주기도 하여 구성원들 간의 갈등이 발생한다. 직장에서 일의 진행이 매번 원활하기는 어렵고, 때로는 업무 진행과 관련하여 누군가가 저지른 실수나 과오를 지적해야 하는 경우도 있고, 누군가에게 부담을 더 지우는 방향으로 일을 배분해야 하는 경우도 있다. 또 다른 사람의 지적이나 비판에 대해 자신의 입장을 해명하거나 그럴 만한 사유가 있었음을 설명하여 상대에게 재반박해야 하는 경우도 있고, 다른 사람의 요청이나 제안을 받아들이기 어렵다는 의사를 표명해야 하는 경우도 있다.

이럴 경우 대부분의 사람들은 무게 중심을 '자신'에게 둔다. 업무 진행과 관련된 실수나 잘못이 '나'로부터 기인하지 않았음을 입증하거나, '너'로부터 기인했음을 분명히 함으로써 책임을 피하려고 한다. 혹은 새롭게 추가되거나 확장된 업무를 '나'는 맡지 않으려고 혹은 '너'가 맡기를 바라는 마음을 갖는다. '나'를 향하는 다른 사람의 지적이나 비판을 '나'에 대한 공격이나 비난이라고 생각하기도 하며, '나'에게 온 다른 사람의 요청이나 제안을 일언지하에 딱 잘라 거절하기도 한다.

[1]

"아니, 이거 보고서 최종 편집 누가 했어? 최종 목차에 나온 페이지 숫자랑 실제 숫자랑 다르잖아. 아직 이거 하나 똑바로 못해?"

"최종 편집은 제가 했지만, 최종 검토는 이 대리가 했거든요."

"아니, 윤 과장님. 그건 아니죠. 저는 내용 검토만 했습니다. 편집은 윤 과장님 담당이셨습니다."

[2]

"이번 주 토요일에 비상 근무자를 우리 팀에서 맡아야 해. 자, 누가 할 거야? 빨리 누가 좀 지원해 봐. 정 과장, 어차피 애인도 없는데 근무 좀 하지?"

"아니, 부장님, 왜 맨날 비상근무는 저만 합니까? 저도 이번에는 못합니다."

[3]

"이번 보고서 검토 결과, 이 사업 추진했을 경우의 장단점을 단기, 중기 장기로 나누어서 제시해야 한다는 의견이 있었네. 보고서 담당했던 김 과장이 외근 갔는데 이거 오늘까지 보고 올려야 해. 최 대리가 얼른 작성해서 올려."

"아니, 제 일도 아닌데 제가 그걸 왜 합니까? 내일 공청회라 저도 오후에 외근입니다."

[4]

"아니 못하는 게 어딨어?"

"이런 건 막내니까 정 대리가 해야지."

"우리 때는 안 그랬는데 요즘 젊은 사람들은 참 못한다는 것도 많고 안 한다는 것도 많고……"

위에 인용된 대화 내용이 낯익지 않은가? 나와 함께 대화하는 상대의 '체면'을 생각하고, 그를 '나'만큼이나 존중하고 배려하려는 태도가 있다면, 그러한 인식과 태도를 전제로 한 표현은 좀 달라질 것이다.

2) 표준 언어예절에 대한 이해

불통의 원인 중 하나가 특정한 상황에서, 기본이라고 생각되는 말의 내용이나 방식에 대한 기대치 차이임을 앞서 확인한 바 있다. 이러한 다양한 기대치들 중 무엇이 옳은지 혹은 그른지에 대한 모든 기준이 정해져 있는 것은 아니지만, 몇 가지 논란이 되는 부분에 대해서는 '언어 규범'이 정해진 바 있다.

국어원에서는 1992년에 국어사용 실태를 조사해서 정한 '표준화법 해설'에 정한 호칭, 지칭, 인사말 등에 관한 표준 언어예절을 2011년에 다시 조사하여 '표준언어예절'로 정리하여 발표했다. 여기서는 그 가운데 우리가 언어 사용 과정에서 유의해야 할 내용, 오해하기 쉬운 존댓말, 상황 별 인사말 등에 대해서 간단히 알아보기로 한다.[3)]

(1) 가정에서의 호칭, 지칭

한국 가정에서는 대가족을 전제로 다양한 인간관계가 형성되고 그에 따라 호칭과 지칭도 복잡하게 정해져 있어 유의해서 알아두지 않으면 실수하기 쉽다. 핵가족 시대에 살면서 전통 호칭과 지칭을 사용하지 않다가 명절이나 큰 집안 행사 때 서로 만나면 정확한 호칭어와 지칭어를 몰라 당황하기도 한다.

부모와 자녀 사이에서도 서로 존중하고 바르게 부르고 없는 사람에 대해서도 예법에 맞는 지칭을 사용하는 것이 중요하다. 결혼한 자녀는 이름을 부르지 않고 아이들의 이름을 이용해서 부르는 것이 좋다. 2011년 발간된 표준언어예절에서는 장성한 후에도 자녀들이 부모님을 격식을 갖추지 않은 상황에서는 '엄마', '아빠'라고 부르는 것을 허용하기로 했다.

남편과 아내 사이에 공식적 자리에서 이름을 부르는 것은 전통 예절에 어긋나는 것이므로 주의해야 한다. '여보, ○○씨, ○○아빠/엄마'로 부르는 것이 기본이다.

(2) 사회에서의 호칭, 지칭

직장에서는 직위를 사용해서 호칭하는 것이 원칙이다. 직급이 없는 경우에

3) 호칭, 지칭, 인사말 등에 관한 세부 규정이나 용례와 유의할 내용은 국립국어원(2011), 표준언어예절, 국립국어원2011-01-46 참조.

는 '○○씨'라고 하는 것이 좋다. 같은 직급이라도 선배인 경우에는 '선배님'이라고 하는 것이 바람직하다. '미스 ○, 미스터 ○' 식으로 부르는 것은 한때 유행하기도 했으나 그렇게 부르지 않는 것이 좋다.

호칭은 서로의 인격을 존중하는 차원에 합당한 것을 선별하여 사용해야 한다. 다음은 문제가 되고 있는 직장 내 호칭 사례이다. 박 과장은 신입 사원을 '고졸'이라고 부르면서 학력으로 사람을 비하하고 있다. 또 박과장은 공개적으로 아랫사람을 무안하게 만들고 있다. 반면에 상사에게는 자신을 존대해 달라고 요구하고 있는 사례이다.

다음 동영상을 보고 아랫사람과 상사에 대한 예의바른 화법은 어떠해야 하는지 생각해 보자.

http://tvcast.naver.com/v/235685: 0분~1분32초

[동영상 7-1] 부하 직원에 대한 부적절한 호칭

박 과장: 고졸

부하 직원: 예(일어섬).

박 과장: 일로 와 봐.

(부하 직원이 박 과장의 자리로 걸어간다.)

박 과장: 야, 너 고졸도 아니고 검정고시라면서? 야 너 정말 개천에서 용 났구나. 신기하네. 입사 PT는 어떻게 통과했어? 김 대리, 과제 미리 빼돌리고 그런 거 아니지? 뭐 할 줄 아는 거는 당연히 없을 테고. 응? 이쁘장하게 생겼으니까 얼굴 마담하면 되겠다. 영업직은 얼굴도 실력이니까 너무 주눅들지 말고. (중략)

(3) 경어법

직장에서는 서로 존대하는 것이 원칙이다. 아랫사람이라고 해서 공식적인 자리에서 반말로 지시를 하거나 나무라는 일은 없어야 한다. 개인적으로 만날 경우에도 상대가 말을 낮추라고 하기 전에 반말을 하는 것은 예의에 벗어나는 일이다. 압존법은 직장의 경우 엄격하게 지키지 않는 것도 허용하기로 했다.

경어법을 사용한다고 모두 예의바른 것은 아니다. 상황에 따라서는 정확하게 예의를 지키면서 존댓말을 사용하지만, 부하 직원을 훈계하는 태도에 있어서 잘못한 업무뿐 아니라 그 이상의 것을 지적하면서 상대의 기분을 상하게 하는 경우도 있다.

다음 동영상을 보고 존댓말을 쓰면서 훈계를 하는 상황인데 왜 기분이 상하는지 그 이유를 생각해 보자.

http://tvcast.naver.com/v/231939: 2:29~3:29

[동영상 7-2] 존댓말을 쓰면서 훈계를 하는 상황

강 대리: 장백기 씨 좀 봐요.

부하 직원: 문제 있습니까? 시키신 대로 정확하게 만들었습니다. 데이터 추가도 완료했고요.

강 대리: 이 듣도 보도 못한 양식은 뭡니까? 신입 교육 때 데이터 통일 양식 안 배웠어요?

부하 직원: 우선 대리님께서 데이터 확인해 주시면 수정은 나중에……

강 대리: 바빠 죽겠는데 지금 뭐 하자는 겁니까? 누가 그렇게 마음대로 일처리 하래요? 장백기 씨 순서 모릅니까? 데이터 확인? 그건 기본이에요. 지금 나더러 이것 가지고 틀린 그림 찾기 하라는 겁니까? 그리고 일차적으로 데이터 입력하고 그 후에 이차로 양식 수정하고 아니 대체 그런 순서는 어느 회사에서 써 먹는 프로세스입니까? 다른 회사에서 일하고 싶으면 지금 당장 나가도 좋습니다.

위 대화는 강 대리가 존댓말을 사용하고 있지만 부하 직원의 기분을 상하게 하는 태도를 취하고 있는 사례이다.

(4) 인사말

가정에서도 아침, 저녁 식구들이 잠자리에서 일어나 처음 마주치거나 일과를 마치고 집에 돌아와 다시 만날 경우에 인사하는 것이 중요하다. 요즘 자녀들이 집안에서 어른들에게 인사를 하지 않거나 어른들이 먼저 인사를 건네고 자녀들은 제대로 인사를 하지 않는 것은 바람직하지 않다.

이웃 사람들에게도 먼저 밝은 얼굴로 인사하는 것이 좋다. 같은 아파트에 살고 같은 승강기를 이용하면서도 서로 모른 척하거나 승강기 층수 숫자만 바라보는 것은 바람직한 공동체 문화, 언어문화라고 볼 수 없다.

직장에서도 아침에 출근하면서 누군가를 만났을 때, 저녁에 퇴근하면서 헤어질 때 인사를 나누는 것이 기본예절이다. 아침에 만났을 때, '안녕하십니까? 안녕하세요?'라고 인사하고 퇴근할 때 '먼저 가겠습니다. 내일 뵙겠습니다.'라고 인사하는 것이 기본이다. 윗사람에게 '수고하세요.'라고 인사하는 것은 예의에 어긋나는 인사법이다. '좋은 아침'이라고 인사하는 사람이 있는데 이는 영어식 표현이고 우리말 어법에도 맞지 않는 표현이므로 사용하지 않는 것이 좋다.

다른 사람을 배려하는 다섯 가지 말하기 습관

하나, 상대방의 입장에서 생각하며 말한다.
둘, 상대의 말을 잘 듣고 충분히 생각한 후 말한다.
셋, 나의 말이 상대에게 어떤 감정을 일으킬지 생각하며 말한다.
넷, 나의 결론을 통보하기보다 상대도 그 결론에 이르게 돕는다.
다섯, 지금의 말이 향후 상대와의 관계에 미칠 영향을 생각하며 말한다.

4. 배려와 존중의 대화 내면화하기

1) 생각해 볼 문제

(1) 가정이나 직장에서 호칭 때문에 경험했던 당황스러운 상황이나 기분 나빴던 일을 서로 나누어 보고 어떻게 하면 문제를 개선할 수 있을 것인지 토의해 보자.
(2) 직장에서 직원들이 가장 싫어하는 업무를 '누군가'에게 맡겨야만 하는 상황에서, 어떻게 말할 것인지 생각해 보자.

2) 화법 백서

직장에서 함께 일하는 동료, 상사, 부하 직원의 긍정적인 측면을 다섯 가지씩 생각해 보자. 노력이나 희생이 빛났던 업무, 가장 멋있어 보였던 순간, 업무상의 장점, 대인관계 측면에서의 장점, 잘하거나 좋아하는 일을 찬찬히 떠올리다 보면 동료, 상사, 부하 직원이 새롭게 보일 것이다. 동료, 상사, 부하 직원 중 한 사람을 선택하여 그 사람에 대한 긍정적인 측면을 내용으로 담아, 처음 만나는 사람에게 그 사람을 소개한다고 가정하고 어떤 말을 할지 계획해 보자.

❑ 참고 문헌 및 참고자료

구현정(2009). 대화의 기법, 경진.
박재현(2013). 국어교육을 위한 의사소통 이론, 사회평론.
이정숙(2003). 한국형 대화의 기술, 더난출판.
이창덕 외(2010). 화법 교육론, 역락.

제8장

삶에 힘을 주는 말 한마디

1. 칭찬에 인색한 일상생활
2. 환심을 사려는 말
3. 말 한마디에 담긴 진심
4. 마음에 되새기기 그리고 실천하기
5. 생활에 적용하기

제8장 삶에 힘을 주는 말 한마디

사람들과 대화를 하면서 좋은 인간관계를 유지하기 위해서는 그 사람과 만나서 어떤 대화를 나누는가 하는 대화 내용이 중요한 요소가 된다. 하루 종일 내가 하는 말은 어떤 내용을 담은 말인지 한 번 생각해 보자. 나는 다른 사람에게 감사하고 칭찬하고 존중하는 말을 하고 있는가, 아니면 불평하거나 비난하고 무시하는 말을 하고 있는가? 우리가 상대에게 건네는 사소한 말 한마디는 상대방의 삶에 힘을 주는 원동력이 되기도 하고 상대방을 좌절에 빠뜨리는 걸림돌이 되기도 한다. 스테판 그로스(1997)의 〈인간관계지능〉에서는 사람을 대하는 태도가 사람의 마음을 움직일 수 있는 방법이라고 하였다. 특히 감사하기, 칭찬하기, 존중하는 말은 인간관계지능의 정도를 측정하는 중요한 요소로 제시하고, 감사와 칭찬, 존중하는 말을 많이 할수록 인간관계 지능이 높아진다고 하였다. 이런 말들은 단순히 말의 기술적인 면이 아니라 새로운 인간관계를 정립하고 나와 상대방의 자존감을 회복시켜주는 힘의 원천이 되기 때문이다(구현정 2011: 281-282 참조). 그러면, 인간관계에 긍정적인 영향을 주는 말, 그리고 나와 상대방의 삶에 힘을 주는 말에 관하여 살펴보기로 한다.

1. 칭찬에 인색한 일상생활

상황 1

나는 상담을 하면서, 사람들이 자신이 하는 일에 대하여 감사하는 말을 얼마나 듣기 원하는지 알게 되었다. 그들은 "아무리 열심히 일해도 누구한테서도 좋은 말 한마디 못 들어요. 하지만 내가 한 가지라도 잘못하면 당장 불평을 하지요."라고 말하면서 한숨을 내쉬었다.

– 캐서린 한 옮김, 〈비폭력대화〉, p.271

상황 2

어느 날 저녁, 아들이 맡은 집안일을 하지 않아 아버지가 아들을 꾸중했다.

아빠: 이건 어제 신문이잖아! 왜 약속을 안 지키니? 신문 정리는 네가 하기로 했잖아.

아들: 아빠, 아빠는 제가 잘못 했다는 말만 맨날 해요. 그런데, 제가 뭔가 제대로 했다는 말은 절대 하지 않으세요. 잘못하는 일보다 잘하는 일이 더 많은데 말이에요.

– 캐서린 한 옮김, 〈비폭력대화〉, p.272

상황 3

[그림 8-1] 광수 생각

질문 1: 〈상황 1〉과 〈상황 2〉의 내용과 같이, 나는 다른 사람의 어떤 면을 주로 보고 있는가?

질문 2: 〈상황 3〉에서 아들에게 힘을 줄 수 있는 말 한마디는 어떤 것일까?

질문 3: 나는 다른 사람에게 감사하고 칭찬하는 말을 하고 있는가, 아니면 불평하거나 비난하는 말을 하고 있는가?

2. 환심을 사려는 말

칭찬은 상대방이 어떤 일을 할 수 있도록 힘을 주는 말이고, 상대방을 있는 그대로 인정해주는 말이다. 칭찬을 하면서 조심해야 할 것 중의 하나는 바로 아부이다. 칭찬은 상대방의 좋은 점이나 잘한 일을 높이 평가하는 것이고, 아부는 환심을 사거나 상대방에게 잘 보이려고 비위를 맞추며 알랑거리는 것이다. 곧 아부는 마음에 없는 칭찬의 말이다. 다음의 대화를 비교해 보자.

이순신 장군이 한 병사를 부른다.

순신: 짝보라 했더냐?
짝보: 자…장군. 저같이 천한 놈의 이름을 어찌?
순신: 너는 전라 좌수영 최고의 사수가 아니냐? 헌데 어찌 내 너의 이름을 모르겠느냐?
짝보: (머리를 긁적이며 흐뭇해한다)

– TV 드라마 〈불멸의 이순신〉 중에서

테이블에 놓이는 흰 봉투. 봉투에는 아이의 이름이 써 있다. 뚱뚱하고 못생긴 학부모 한 명이 봉두에게 촌지를 내밀며 머릴 조아리고 있다.

학부모: 선생님, 저희 아이 잘 좀 부탁드릴게요.
너무 좋은 내색을 참으며 돈 봉투를 힐끗 바라보는 봉두.

학부모: 얼마 안 되지만 성의로 받아주세요.
봉 두: (가증스레) 은영이가 누굴 닮아서 그렇게 이쁜가 했더니 엄말 닮았었군요.
빈말임에도 그저 좋아라 호호거리는 학부모.

– 영화 〈선생 김봉두〉 중에서

칭찬과 아부는 겉으로는 구분하기 어렵지만 분명히 다르다. 아부는 어떤 목적이 있거나 대가를 바라고 상대방에게 잘 보이기 위해 비위를 맞추거나 좋은 말을 하는 것이다. 그러나 칭찬은 어떤 보상을 바라고 하는 말이 아니다. 상대방에 대한 긍정적인 태도를 나타냄으로써 우호적인 인간관계를 유지하기 위해 진심을 담아 이야기하는 것이다. 상대방이 가진 좋은 점을 알아봐 주고 더 잘 할 수 있도록 힘을 주는 것이 칭찬이다. 그러나 사람들은 칭찬에 인색하다. 〈아부의 기술〉이라는 책에서는 사람들이 칭찬을 잘 하지 않기 때문에 '마음에 없는 칭찬'인 아부라도 많이 하라는 내용을 담고 있다. 그렇게라도 해서 칭찬이 가진 긍정적인 힘을 확인하라는 의미일 것이다.

앞의 예시 대화에서처럼 장군의 칭찬하는 말 한마디는 전쟁에서 겪게 되는 죽음에 대한 두려움을 이길 수 있게 하는 힘이 될 수 있다. 또 진심이 담긴 장군의 칭찬 한마디는 자신이 상대방에게 의미 있는 사람이라는 것을 확인하는 요소가 되고 이를 바탕으로 좌절감을 극복할 수 있게 한다. 좌절로 인해 포기하려던 상황이라도 다른 사람의 칭찬을 들으면 자신에 대한 긍정적 이미지가 다시 살아나고 더 잘해야겠다는 의욕이 생겨나기 때문이다.

특히 부모가 자녀에게 하는 칭찬은 자녀가 자신감을 가지고 세상을 긍정적으로 바라볼 수 있게 하는 중요한 동기가 된다. 한 학습지 회사에서 어린이 100명을 대상으로 한 설문에서는 아이들이 부모의 행동 중에 가장 마음에 드는 모습으로 '좋은 말을 해주는 것'이라고 응답하고 있다(국민일보, 2014. 7. 2.).

[표 8-1] 부모님이 집에서 하는 행동 중 가장 마음에 드는 것

구분	비율
매일 가족들에게 좋은 말(칭찬, 격려, 조언 등)을 하시는 것	51%
가족들을 자주 안아 주고 서로의 눈을 보면서 대화하는 것	18%
재미있게 놀아주시는 것	12%
꾸준히 운동하거나 부지런하신 것	10%
언제나 어떤 음식이든지 맛있게 드시는 것	8%

칭찬을 통해 부모로부터 인정받고 있다는 경험이 자신감을 갖게 하고 이와 같은 자신감은 더 높은 목표를 세우고 도전할 수 있게 하는 용기가 된다. 그러나 칭찬은 적절하게 이루어져야 한다. 부모의 기대를 반영하거나 다른 사람과 비교하는 칭찬, 늘 습관처럼 듣게 되는 반복적인 칭찬, 두루뭉술하게 "잘했어, 대단해, 최고야."와 같은 평가의 말은 오히려 아이가 자만심만 갖게 하는 위험한 칭찬이다. 또 부모는 아이에게 동기부여를 하기 위해 칭찬의 말을 아낌없이 한다. 그러나 그 말을 들은 아이는 자신이 그 말에 미치지 못하는 결과를 나타낼지도 모른다는 두려움에 오히려 자신감을 더 상실하거나 어려운 일은 아예 시도조차 하지 않는 경우도 있다. 아이의 마음을 사기 위한 칭찬은 더 이상 칭찬이 아니라 독이다.

칭찬이나 감사는 상대방에게 무엇을 얻어내기 위한 것이 아니다. 따라서 칭찬이나 감사하는 말 뒤에 숨은 의도는 없는지 생각해 보아야 한다. 칭찬은 단순히 그 일에 대한 자신의 긍정적인 느낌만 말하는 것이다.

〈유머 하나〉

한 아메리카 인디언이 친구에게 칭찬의 힘을 말하며 그걸 증명해 보이겠다고 한다. 그리고는 친구를 자신의 말(馬) 근처로 데리고 가서 말이 들을 수 있도록 큰 소리로 말한다.

인디언: 나는 서부에서 가장 빠르고 가장 용맹한 말을 가지고 있어.

그러자 말이 고개를 떨어뜨리며 슬픈 표정을 지었다.

말(馬): 어디 가서 새로운 말을 사 왔나 보군. 좋을 대로 하라지.

– 캐서린 한 옮김, 〈비폭력대화〉, p.265

주인은 칭찬의 힘을 이용하여 자신의 말(馬)이 일을 더 잘할 수 있게 하려고 칭찬을 한다. 그러나 말(馬)은 그 말이 자신에 대한 칭찬이라고 생각하지 않고 주인이 새로운 말을 사 온 것으로 오해를 하게 된다. 이처럼 자신이 원하는 방식대로 상대방을 움직이고 조정하기 위해 칭찬을 이용할 때 우리의 인간관계는 깨질 수밖에 없다.

보고서 잘 썼습니다.
정말 자상하세요.
어제 저녁에는 집까지 데려다 줘서 정말 고마웠어요.

위의 예는 칭찬이나 감사의 말로 우리가 늘 사용하는 말이지만 이런 말을 할 때 얼마나 진심을 담아 이야기하는지 생각해 보아야 한다. 빈말로 이야기를 하거나 상대방을 판단하는 말은 아닌지 한 번 생각해 보자. 상대방에게 무엇인가를 바라면서 말하는 것이 아니라 있는 그대로 그 사람의 좋은 점을 찾아서 말해주는 것이 힘이 되는 말 한마디가 될 것이다.

온라인 취업포털 사이트에서 직장인 1,175명을 대상으로 조사한 결과에 따

[표 8-2] 회사에서 가장 많이 하는 거짓말

구분	비율
'정말 대단하세요' 등의 과도한 칭찬	18.0%
공감하는 척하는 맞장구	18.0%
'거의 다했습니다' 등의 상황을 모면하기 위한 말	16.3%
'진짜 회사 그만 두고 만다'와 같은 감정 표현의 말	15.2%
'언제 밥 한 번 먹어야 하는데'와 같은 빈말	10.6%

르면, 직장인이 하는 거짓말 중에 '정말 대단하세요' 등의 과도한 칭찬이라는 응답이 가장 높게 나타났다(조선일보, 2014. 10. 29.).

직장 상사에게 하는 하얀 거짓말은 사회생활을 위한 어쩔 수 없는 요소라고 생각할 수도 있다. 그렇지만 기본적으로 진심이 담겨 있지 않는 칭찬의 말은 듣는 사람도 말하는 사람도 감정적으로 혼란스러울 수밖에 없다.

3. 말 한마디에 담긴 진심

1) 감사의 힘

식물에 베토벤의 교향곡을 들려주면 싱싱하게 더욱 잘 자라고, 젖소에게 아름다운 음악을 들려주면 좋은 품질의 우유가 생산된다는 것은 많이 알려진 사실이다. 그런데 식물이나 동물과 같은 생물은 영향을 받을 수 있다고 생각해도 밥이나 술과 같은 무생물까지 유사한 반응을 일으킨다는 것은 놀라운 일이다.

(1) 감사는 나를 바꾼다

다음의 그림은 2009년도 한글날을 맞아 MBC에서 말의 힘을 확인하기 위해 진행한 실험의 한 장면이다. 이 실험에서는 밥을 대상으로 말이 가진 힘을 살펴보았다. 똑같이 생긴 두 개의 병에 밥을 한 주걱씩 담고 4주간 '고맙습니다'와 '짜증나'라는 말을 들려주며 밥에 어떤 변화가 일어났는지 살펴본 실험이다.

동일한 조건에서도 어떤 말을 하는가에 따라 밥에 미치는 영향이 다르다는 것은 우리가 하는 말이 단지 의미를 전달하는 소리에 불과한 것은 아니라는 것을 알게 한다. '고맙습니다'와 '짜증나'라는 말이 가진 힘은 밥과 같은 물질의 상태를 서로 다르게 바꿀 만한 힘을 가지고 있다.

좋은 말을 하면 그 진동음이 물질을 좋은 성질로 바꾸고 나쁜 말은 어떤 것이든 파괴의 방향으로 이끌어간다. 감사의 말이 가진 힘을 확인하기 위한 또 하나의

[그림 8-2] MBC 다큐 〈말의 힘〉

실험인 다음의 자료는 〈물은 답을 알고 있다〉라는 책에서 확인할 수 있는 물의 결정 사진이다.

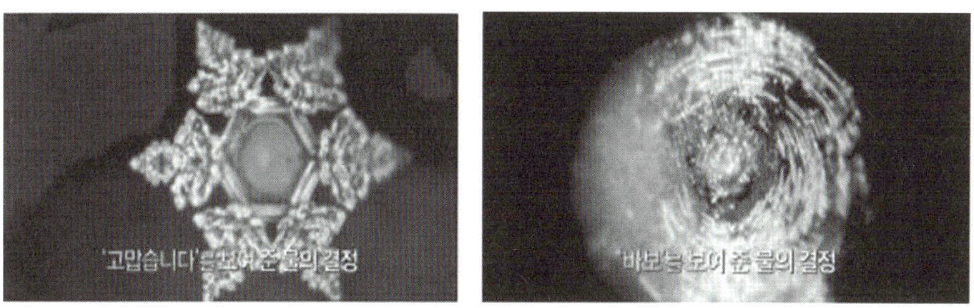

[그림 8-3] 물의 결정

두 개의 병에 각각 물을 넣고 한쪽에는 '고맙습니다', 다른 한 쪽에는 '바보'라고 쓴 단어를 붙이고 24시간이 지난 후에 각각 한 방울씩 얼려서 얼음이 된 물의 결정을 현미경으로 관찰하여 비교한 사진이다. 놀랍게도 '고맙습니다'를 보여준 물의 결정은 선명하고 아름다운 육각형의 결정 구조를 하고 있는 반면 '바보'라는 단어를 보여준 물의 결정은 제대로 된 모양을 형성하지 못하고 일그러져 있다(이영돈 PD의 먹거리 X 파일 34회). 그리고 세계 어느 나라 말로 이야기하든지

'고맙습니다'라는 말이 가진 힘은 동일하게 나타난다는 것을 다음의 그림을 통해서 확인할 수 있다.

사랑 · 감사 / 고맙습니다(한국) / Grazie(이태리) / Danke(독일)

谢谢(중국) / Thank you / Merci(프랑스)

[그림 8-4] 물의 결정 (에모토 마사로, 2003)

사람의 몸은 약 70%가 물로 구성되어 있다고 한다. 우리가 하는 감사의 말 한마디는 그대로 우리 몸에 영향을 미치게 된다. 내가 하는 말은 상대방만 듣는 것이 아니라 나도 동시에 듣기 때문이다. 감사의 말은 상대방과 나를 살리는 말이다. 특히 가족에게 전하는 감사의 말은 가정을 변화하게 하는 힘을 갖고 서로에게 감사하는 가족일수록 가정의 행복도도 높아지게 된다.

(2) 감사를 표현하는 방법

감사하는 말은 우리의 인간관계를 새롭게 만들어 줄 수 있다. 감사는 자신뿐 아니라 상대방도 세워주는 말하기이다. 자신에 대해 긍정적으로 생각하는 사람은 다른 사람에게도 감사를 더 잘 표현할 수 있다. 또한 다른 사람으로부터 감사의 말을 들으면 자신에 대한 긍정적인 이미지가 강화되기 때문에 자존감을 느낄 수 있고 그렇게 말해 준 사람에게 호감도 느끼게 된다. 이와 같이 감사의 말은 상대방과의 관계를 우호적으로 변화시켜주는 힘이 있다. 나 자신의 자존감을 높이고 사람과의 관계를 회복하는 힘도 있다.

그런데 감사하는 말이 잘 나오지 않기도 한다. 마음에는 있지만 표현하기가 쑥스러워서 말을 못하고, 또 말 안 해도 알아주려니 하는 마음 때문에 특히 가까운 가족들에게는 감사의 말을 더 잘 못한다. 그러나 한 번 말해 보면 감사가 가진 힘을 경험할 수 있을 것이다. 그렇다면 감사하는 말은 어떻게 하면 좋을까? 구현정(2011)에서는 다음과 같은 방법을 제안하고 있다.

첫째, 사소한 일에도 감사한다. 감사는 연습이 필요하다. 그냥 지나쳐도 될 것 같은 사소한 일들에 대해서도 감사의 표현을 말해 보면 점점 익숙해질 수 있다.

둘째, 되도록 구체적으로 감사의 뜻을 전달한다. '감사합니다'라고 말만 해도 좋지만 조금 익숙해지고 나면 무엇에 대해 어떻게 감사하는지에 대해 구체적으로 전달하는 것이 감사를 받는 사람의 마음에 훨씬 더 강력하게 전달될 수 있다. 그러기 위해서는 생각나는 대로 감사할 목록을 만들어 보면 도움이 된다.

셋째, 감사 표현은 너무 지나치지 않게 한다. 감사의 정도는 적정한 수준을 유지해야 한다. 지나친 감사는 오히려 장난처럼 여겨질 수도 있어서 진심이 느껴지지 않는다. 무조건 많이 감사한다고 좋은 것은 아니다.

넷째, 시간이 지나기 전에 감사한다. 감사 표현은 적당한 시점이 있다. 시간이 지나버리면 쑥스러워지기 때문에 그 상황에서 바로 감사할 수 있도록 하는 것이 좋다.

다섯째, 진심을 담아 감사한다. 감사는 순수하게 상대를 소중히 여기고, 고맙게 생각하는 마음에서 끝내야 한다. 어떤 목적이 있거나 상대방에게 무엇을 얻으려 하면서 하는 감사는 아부나 아첨일수는 있지만 순수한 감사가 될 수 없다.

감사의 말 한마디가 가진 힘을 생각하여, 자신의 진심을 담은 감사가 우리 주변에 풍성하게 들리도록 할 때, 나 자신이 먼저 행복해지게 될 것이다.

2) 칭찬의 힘

(1) 이보다 더 좋을 수는 없다.

포항 스틸러스 축구팀은 숙소 안에 고구마 화분 2개를 놓아두고 각각 좋은

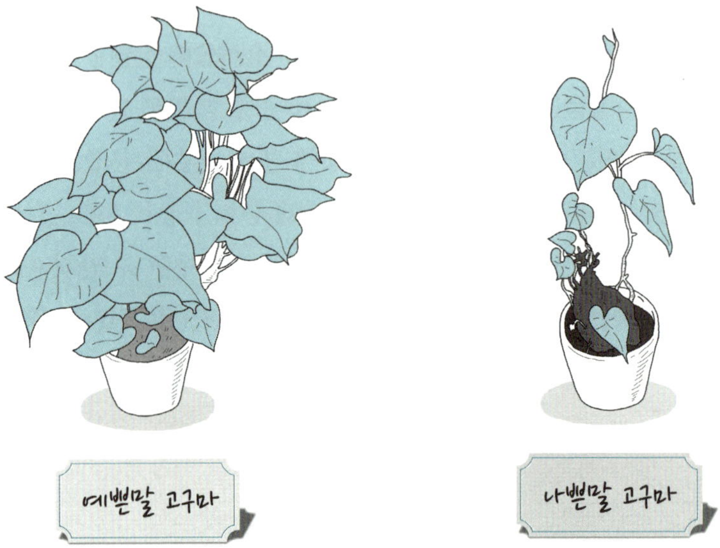

[그림 8-5] 포항 스틸러스 팀의 칭찬 고구마

말과 나쁜 말을 하면서 키웠다고 한다. [그림 8-5]는 그 결과를 담은 것이다.

이 축구팀은 60일 동안 똑같은 환경에서 똑같은 물을 주고 기르면서 좋은 말 고구마를 향해선 긍정적이고 칭찬하는 말을 건네고, 나쁜 말 고구마에는 부정적인 말을 하였다. 그 결과 좋은 말 고구마는 줄기가 무성한 반면, 나쁜 말 고구마 줄기는 발육이 현저히 떨어지는 결과가 나타났다. 이 실험을 통해 선수들은 긍정적인 태도의 중요성을 깨닫고 서로에게 칭찬과 감사의 메모지를 붙여주며 신뢰도를 높여갔다. 서로 간의 신뢰를 바탕으로 조직력도 더욱 끈끈해진 포항은 FA컵 대회 결승에 오르는 등 실제 경기력에도 큰 도움이 되었다고 한다(KBS 뉴스 2012.10.12.).

영화 〈이보다 더 좋을 수는 없다〉에는 멋진 칭찬의 말 한마디가 나온다. 괴팍한 성격을 가진 주인공의 입에서 나온 말 한마디는 상대방을 특별한 사람으로 만들어 주는 힘을 가지고 있어, 영화를 보는 사람들도 감동하게 하였다.

여: 칭찬 한 가지만 해봐요.

남: 정신과적인 문제가 있는데 얼마 전부터 약을 먹기로 했어요.
약을 먹으면 좋아질 수 있대요.

여: 그게 무슨 칭찬이에요?

남: 당신은 내게 좋은 남자가 되고 싶게 만들어요.

여: 내 생애 최고의 칭찬이에요.

[그림 8-6] 영화 〈이보다 더 좋을 수는 없다〉

칭찬은 상대방이 나에게 의미 있는 사람이라는 것을 확인시켜주는 말이다. 겉으로 보이는 것만이 아니라 상대방의 존재 가치, 상대방이 거둔 성과 등에 대해서도 칭찬하는 것은 우리의 삶에 힘이 되는 말 한마디가 된다.

(2) 칭찬의 방법

칭찬은 칭찬 받는 사람에게 유익한 영향을 주지만 칭찬하는 사람에게도 긍정적인 영향을 준다. 그 첫 번째는 칭찬을 하다 보면 사람을 보는 관점이 달라진다는 것이다. 부정적인 시각으로는 칭찬할 거리를 찾을 수가 없기 때문이다. 그리고 그러다 보면 자신의 주변에 사람이 많아지는 것을 느끼게 된다. 볼 때마다 부정적인 눈으로 비난하고 나의 단점이나 실수를 찾아 말하는 사람보다는 나의 좋은 점을 찾아 주고 나를 인정해 주는 사람과 함께 있고 싶은 것이 당연한 심리이기 때문이다.

그런데 사람들은 칭찬에 인색하다. 칭찬을 하지 않는 가장 근본적인 원인은 내면의 비교의식 때문이다. 내가 다른 사람을 칭찬하면 혹시라도 내가 그 사람보다 못한 것이 드러나는 것 같은 생각, 특히 직장에서는 상대방과의 경쟁에서 뒤처지는 것 같은 열등의식이 칭찬을 어렵게 한다. 그렇지만 칭찬은 칭찬을 받는 사람뿐만 아니라 하는 사람에게도 긍정적인 영향을 줄 수 있다.

그렇다면 칭찬은 어떻게 하는 것이 좋을까? 〈칭찬은 고래도 춤추게 한다〉라는 책에서는 다음과 같은 칭찬 방법을 제안하고 있다.

◆ 칭찬 십계명

1. 칭찬할 일이 생겼을 때 즉시 칭찬하라.
2. 잘한 점을 구체적으로 칭찬하라.
3. 가능한 한 공개적으로 칭찬하라.
4. 결과보다는 과정을 칭찬하라.
5. 사랑하는 사람을 대하듯 칭찬하라.
6. 거짓 없이 진실한 마음으로 칭찬하라.
7. 긍정적인 눈으로 보면 칭찬할 일이 보인다.
8. 일이 잘 풀리지 않을 때 더욱 격려하라.
9. 잘못된 일이 생기면 관심을 다른 방향으로 유도하라.
10. 가끔씩 자기 자신을 칭찬하라.

– 조천제 옮김, 〈칭찬은 고래도 춤추게 한다〉

칭찬할 일이 있는 그 즉시, 그냥 '좋아요'가 아닌 구체적으로 하는 칭찬, 결과보다는 노력한 과정을 인정하고 사랑하는 사람을 대하듯 순수하고 진실한 마음으로 이야기해주면 칭찬의 효과는 배가 될 것이다. 직장인의 경우 상사의 칭찬과 격려가 큰 동기부여가 되는 것으로 나타났는데, 2007년에 실시한 한 조사(www.scout.co.kr)에서는 상사나 선배에게 가장 듣고 싶은 말로는 '자네(너)라면 잘 할 거야'(27.33%)가 가장 많이 꼽혀 윗사람에게 인정받는 말을 가장 듣고 싶어 하는 것으로 나타났다. 이외에 '역시 최고야'(23.12%), '일 잘하는 군'(21.32%), '수고했어요'(13.21%), '좋은 생각인데!'(9.31%), '멋지군'(4.20%) 등이 그 다음 순서로 나타났다. 조사를 통해 확인한 칭찬의 말은 모두 지금 자신이 하고 있는 일에 대하여 인정받고 있으며, 가치 있고 보람을 느낄 수 있는 일을 하고 있다는 것을 확인받고 싶어 하는 요소이다.

최근에 안철수 연구소에서 조사한 설문 결과도 크게 다르지 않다.

◆ 직장인이 상사에게 가장 듣고 싶은 칭찬의 말

1위: 참 좋은 아이디어야! 역시 자넨 아이디어 뱅크야!(35%)
2위: 이번 보고서 아주 좋았어!(26%)
3위: 요즘 많이 힘들지? 내가 도와줄 일 있으면 넘겨!(19%)

– 〈안철수 연구소〉 2013 설문조사

직장 상사의 칭찬의 말에서부터 조직의 충성도도 생기고 상사에 대한 존경심도 생긴다. 그런데 칭찬은 나이가 많거나 지위가 높은 사람이 하고 아랫사람은 받기만 하는 일방적인 것이 아니다. 누구나 칭찬 받는 것은 좋아하니 상대방을 가리지 말고 칭찬해 보는 것도 좋을 것이다. 다만 칭찬을 한다고 해서 "네, 참 잘 하셨어요.", "아주 훌륭하게 하셨네요.", "제법이네요."와 같이 상대방을 마치 어린 아이처럼 취급하는 표현은 적절하지 않다.

또한 자녀를 칭찬할 때는 특히 주의해야 한다. 자녀는 부모의 칭찬을 통해 자라나지만 부모의 잘못된 칭찬은 오히려 아이들을 망치는 요소가 될 수도 있기 때문이다. 칭찬은 일관성 있게 해야 한다. 동일한 행동에 대해서 어떤 경우에는 칭찬을 하고 또 다른 경우에는 꾸지람을 한다면 아이는 혼란스러울 수밖에 없다. 설거지를 도와주는 것에 대해 어떤 경우에는 칭찬을 하고 어떤 날은 귀찮다고 하지 말라고 하면 칭찬을 기대한 아이는 헷갈리게 된다. 일관성 없는 부모의 태도는 아이가 자신의 행동이나 판단에 대해 자신감을 갖지 못하게 만든다. 칭찬과 야단을 동시에 해서는 안 된다. 예를 들어 "이건 잘했어, 그런데 말이야" 하는 식으로 야단을 치기 위해 말머리를 칭찬으로 꺼낼 경우 아이는 칭찬을 받는 것인지 야단을 맞는 것인지 헷갈린다. 이런 일이 자주 일어난다면 칭찬 뒤에는 으레 꾸중이 나오는 것으로 인식해 버려 칭찬의 의미가 사라진다. 또한 무턱대고 칭찬을 해서도 안 된다. 아이가 스스로 생각해도 성에 차지 않는 일들이 있다. 본인은 너무 그림을 못 그렸다고 생각하는데, "참 잘 그렸구나." 하고 칭찬하는 것은 오히려 아이에게 열등감을 조장할 우려가 있다. 이런 경우는 "열심히 그렸구나. 엄마는 네가 뭐든지 열심히 하는 모습이 참 좋다." 고 말해주는 것이 좋을 것이다. 진심을 담지 않고 건성으로 하는 칭찬은 효과가 없다.

아이들은 아빠의 칭찬을 더 좋아한다. 아빠가 해 주는 칭찬은 아빠가 자신에게 관심을 갖고 있고 자신을 인정해 주는 것이라고 생각한다. 그렇다고 엄마가 금지한 일을 아빠가 '오냐 오냐' 받아주어서는 안 된다. 칭찬할 일과 금지할 일에 대해서는 아빠와 엄마 모두 공통된 기준을 가지고 일관된 기준을 가지고 대해야 한다. 아이를 칭찬하는 것이 어색하고 쑥스러우면 아이가 잘한 행동을 적어보는 것도 좋을 것이다. 이렇게 기록한 것을 꺼내들고 잠들기 전에 아이와 대화를 나누면서 하루를 반성하거나 그날 발견한 아이의 좋은 점을 칭찬해주는 시간을 가지면 아이에게 자신감뿐 아니라 올바른 행동을 효과적으로 강화시킬 수 있을 것이다.

(3) 기대치 위반 효과

다른 사람을 칭찬을 할 때 말하는 내용에 어떤 순서가 필요할까? 아니면 무조건 칭찬하는 말은 많이 하면 좋은 것일까? 이런 궁금증을 해결하기 위하여 다음과 같은 실험이 진행되었다.

◆ EBS 지식 프라임 〈칭찬의 기술〉

• 사람들이 나에 대해 뭐라고 이야기할까? 나에 대한 뒷이야기, 그들이 뭐라고 하는지 엿들어 볼까요?

첫 번째 사람, 계속 칭찬을 한다.
두 번째 사람, 계속 비난만 한다.
세 번째 사람, 잘못을 지적하다가 칭찬으로 끝낸다.
네 번째 사람, 칭찬을 하다가 비난으로 끝낸다.

뒷담화를 한 사람들, 누가 가장 좋고 누가 가장 싫을까요?

'기대치 위반효과(Expectancy Violation Effect)'는, 상대방이 내가 가지고 있는 기대치에 어긋나는 행동을 하면 그에 대한 평가가 일반적인 상황에 비해 매우 달라지는 현상을 의미한다. 어떤 행동이 기대에 어긋났을 때 기분이 더 나빠지는 것을 뜻하지만 '생각보다 좋다'와 같이, 정말 의외의 결과에 더 놀라게 되는 것을 말하기도 한다.

나에 대해 다른 사람들이 이야기할 때 사람들이 기대하는 말은 무엇일까? 이 실험의 결과는 다음과 같다.

◆ 실험 결과 확인

- 뒷이야기를 한 사람들, 누가 가장 좋고 누가 가장 싫을까요?
- 사람들은 처음에는 잘못을 지적하다가 칭찬으로 끝낸 사람을 가장 좋아한다.
- 칭찬의 기술: 잘못을 먼저 지적하고 칭찬으로 마무리 하라

칭찬을 할 때도 방법이 있다. 상대에 대해서 칭찬을 먼저 말하고 나중에 잘못을 지적하면 반감을 사게 되는데 반해 처음에는 잘못을 지적하다가 칭찬으로 끝내는 경우에는 오히려 호감을 갖게 되는 것이다.

3) 꾸지람하기

꾸지람의 사전적인 뜻은 다른 사람의 잘못에 대해 나무라는 것이다. 내가 상

대방보다 높은 위치에 서는 것이고 상대방은 잘못 했다는 것을 전제로 하기 때문에 상대방의 체면을 손상시키는 말이 된다. 누구나 자신의 체면이 손상된다고 생각하면 반발하기 때문에 꾸지람을 한다는 것 자체가 매우 조심스러운 일이다. 그러나 칭찬과 함께 적절한 꾸지람도 필요하다. 요즘 아이들은 대부분 부모로부터 꾸지람을 듣지 않고 성장한다. 평소에 이렇게 자란 아이가 사회에 나가 심한 꾸지람을 듣게 되면 익숙하지 않은 상황에 적응하지 못해 심한 갈등을 겪을 수 있다. 꾸지람은 옳고 그름을 배워나가는 기회를 제공하여 좋은 길로 인도하는 수단이 된다. 다만 어떻게 이야기하는가에 따라 상대방에게 미치는 영향이 다르기 때문에 신중하게 이야기해야 한다. "오른손으로 벌을 주고 왼손으로 안아 주어라."라는 유태인의 격언처럼 꾸지람에는 사랑이 담겨 있어야 한다.

그렇다면 꾸지람을 할 때의 바람직한 태도는 무엇일까?

첫째, 명확하게 이유를 설명하여 자신이 왜 꾸지람을 듣게 되었는지를 스스로 깨닫도록 해야 한다. 이유가 불분명할 때 아이는 반발심으로 가득 차서 꾸지람에 전혀 귀를 기울이지 않게 되고 더욱 빗나가기 쉽다. 한 가지 잘못으로 그 사람의 다른 면까지 비난해서는 안 된다. "자넨 도대체 제대로 하는 게 뭐야?" 하는 식으로 꾸지람을 하는 것보다는 구체적으로 무엇이 잘못 되었는지를 이야기해 주어야 한다.

둘째, 모든 사람에게 동일한 기준을 적용하여 꾸지람을 해야 한다. 같은 잘못을 저질렀는데도 다른 기준이 적용되어 어떤 경우에는 꾸중을 듣고 어떤 경우에는 그냥 넘어간다면 갈등이 일어날 수밖에 없다. 누구에게나 같은 기준을 적용하기 위해서는 자기 스스로 객관적이고 공정한 기준을 가지고 있어야 한다.

셋째, 감정을 자제하고 꾸짖어야 한다. 꾸지람을 하는 사람이 큰 소리를 지르면 주눅이 들어 아무 생각도 하지 못하게 되거나 반항적인 태도로 돌변하기 쉽기 때문이다. 꾸지람을 하는 사람이 자신의 감정을 누르지 못하면 극단적인 언어 사용 때문에 관계가 회복되기는 어려울 수밖에 없다. 부모가 자녀에게 하는 "또 그랬니? 넌 왜 그 모양이니?"라는 표현은 꾸지람이 아닌 잔소리로 들릴 뿐이며

"나가버려! 저리가. 보기 싫어." 라는 표현은 자녀의 마음에 상처로 남을 수밖에 없다.

넷째, 다른 사람과 비교하는 말이나 심하게 재촉하는 말로 꾸지람을 해서는 안 된다. 다른 사람과 비교하며 꾸지람을 하게 되면 반발만 불러일으키게 되고 구체적인 대안을 제시하지 않으면 트집만 잡는 것으로 보일 수 있다. 사람을 세우는 꾸지람은 실수를 바르게 고칠 수 있는 구체적인 방법을 스스로 생각할 수 있도록 하거나 개선방법을 제시해 주는 것이다.

4. 마음에 되새기기 그리고 실천하기

1) 칭찬하기

(1) 좋은 칭찬과 나쁜 칭찬

좋은 칭찬과 나쁜 칭찬이 있을까? 다음의 글을 읽고 좋은 칭찬과 나쁜 칭찬의 구체적인 예를 들고 그 차이에 대해 이야기해 보자.

> 아이를 칭찬하는 것에 대해 상반된 의견이 있습니다.
> 그러나 중요한 점은 아이에게 스스로를 존중하는 법을 반드시 가르쳐야 한다는 겁니다.
> 칭찬은 부모가 보이는 존중의 시범입니다.
> 자신을 존중할 줄 모르면 성공은 할지 몰라도 결코 행복할 수는 없습니다.
> 좋은 칭찬은 아이가 자기 스스로를 존중하도록 합니다.
> 자신이 얼마나 가치 있는 존재인지 느끼게 합니다.
> 나쁜 칭찬이 있다면 자신을 초라하게 만드는 칭찬입니다.
> 칭찬의 노예가 되도록 만드는 칭찬이지요.
> 대부분의 칭찬은 아이가 스스로를 존중하도록 가르칩니다.
> 그런데 결과를 가지고 칭찬하면 아이는 결과를 얻는 데에만 매달릴 수 있답니다.

과정과 동기에 대한 칭찬이 중요하며,
부모가 평가하는 입장에서 칭찬하지 않으려 해야 합니다.
아이를 존중하는 부모라면 이런 칭찬은 나오지 않습니다.

– 서천석, 〈하루 10분 내 아이를 생각하다〉, p. 179

(2) 주변 사람에게 어떤 칭찬을 할 수 있는지 적어보고 바로 그 사람에게 이야기해 주자.

(3) 칭찬 과제 3가지 실천하기

– 가족, 나, 직장동료에게 하루에 한 가지씩 칭찬하기 연습

가족
나
직장동료

2) 감사하기

(1) 나의 '감사 능력' 확인

우리는 문명사회에서 보이지 않는 타인들의 도움과 기여 덕분에 편리한 생활을 누리고 있다. 생각해 보면 우리에게 직 · 간접적으로 도움을 주고 있는 사람들이 많지만 '감사'의 마음을 갖고 그것을 표현하기가 쉽지가 않다. 어렸을 때는 작은 일에도 '감사'가 습관처럼 나왔는데 지금은 감사 표현이 입 밖으로 잘 나오지 않는다. 마음에는 있지만 쑥스러워서 고맙다는 말이 잘 나오지 않을 때도 있고, 굳이 말하지 않아도 상대방이 다 알아 줄 것이라고 믿어서 오히려 말로 표현하는 것이 구차하게 느껴지기도 한다. 특히 가족 간에는 그런 생각이 더 많이 들어서 가장 고마워해야 할 사람들에게 감사 표현을 못할 때가 많다.

지금의 우리는 어떤 사람인가 생각해 보자. 나는 감사를 잘하는 사람인가? 나에게 감사할 일이 있을까? 다음의 질문표를 활용하여 자신의 감사 태도를 점검해 보자.[4)]

4) 김용남 역(2008), 감사의 힘, 위즈덤하우스. 참조.

○ 감사 태도 질문표

아래 점수를 기준 삼아 각각의 질문에 대해 생각한 후, 자신에게 맞는 정도의 숫자를 골라 적으세요. 자신의 점수를 합산하고 나의 '감사 능력'을 측정해 보자.

전혀 그렇지 않다	조금 그렇지 않다	보통이다	조금 그렇다	매우 그렇다
1	2	3	4	5

_____ 내 인생에서 감사할 일들이 많다고 생각한다.
_____ 내 인생에서 감사할 것에 대한 목록을 작성하면 그 목록은 아주 길 것이다.
_____ 세상을 보면 감사할 일이 많이 보인다.
_____ 나는 많은 사람들에게 감사함을 느낀다.
_____ 나이를 먹어가면서 내가 만나는 사람들, 내가 겪는 사건, 부딪히는 모든 상황에 대해 점점 더 감사하게 된다.
_____ 어떤 일이나 사람에게 감사함을 느끼는 데 걸리는 시간이 짧다.

- 25점 이상: 감사하는 태도가 몸에 밴 사람이다. 지금도 충분히 감사 생활을 하고 있는 사람이다. 지금처럼만 해도 충분하다.
- 15점-24점: 일상생활에서 많은 부분에 감사를 느끼며 살아가는 사람이다. 그렇지만 가끔 행복해 보이는 사람을 부러워 할 때가 있다. 그럴 때 더욱 감사 연습을 해 보자. 그들이 가지지 못한 것이 나에게 분명히 있다는 것을 깨달을 것이다.
- 14점 미만: 감사하고 기쁠 때보다는 슬프거나 분노를 느낄 때가 많다. 스스로도 그런 감정이 싫지만 빠져 나오기가 쉽지 않을 것이다. 그러나 문제점을 깨닫고 있다면 해결책의 절반은 찾은 것과 같다. 행복한 생각을 하기 위해 노력하자. 부정적인 생각이 들 때마다 과거 감사함을 느꼈던 사람을 떠올려 보기 바란다. 우리의 작은 감정이 모여 하루를 만들고, 그런 하루가 내 인생을 수놓고 있음을 명심하자.

(2) 감사 노트를 만들어 보자.

매일 세 가지 이상 감사할 일을 적어보면서 감사 연습을 하고, 기분 좋은 일이 노트에 차곡차곡 쌓이도록 해 보자.

(3) 진짜 감사의 말을 하자. 진심을 담아 가족에게 전하고 싶은 감사의 말을 적어보자.

3) 내 인생 최고의 말

(1) 지금까지 내가 들은 말 중에서 가장 기억에 남는 좋은 말과 마음을 아프게 했던 말은 어떤 것인지 적어보고 그런 말이 가진 특징에 대해 이야기해 보자.

(2) 지금까지 내가 한 말 중에서 적절한 꾸지람이라고 생각되는 것을 적어보자.

5. 생활에 적용하기

1) 아이에게 하는 칭찬

아이가 부모에게 한 말을 적어두세요.
"중요한 말이네. 그런 말을 해줘서 고마워. 잊어버리지 않게 적어둬야겠다."
아이의 말을 받아 적으면 아이는 존중받고 있다는 느낌을 갖습니다.

부모도 아이의 말을 깊게 새길 수 있습니다.
아이의 자존감을 높이는 좋은 기술입니다.

- 서천석, 〈하루 10분 내 아이를 생각하다〉, p. 183

2) 윗사람을 칭찬할 때는 이렇게

방법 1. **직접 칭찬 - '윗사람'을 주어로**
국장님, 어쩌면 그렇게 말씀을 잘 하세요?
과장님, 말씀이 무척 설득력이 있으십니다.

방법 2. **간접 칭찬 - '나'의 관점으로**
국장님 말씀을 듣고 나니 아이디어가 떠올랐습니다.
과장님, 앞으로 더 노력해야겠다는 다짐을 했습니다.

- 구현정, 〈소통 불통 먹통〉, p.292

3) 부하 직원을 칭찬할 때는 구체적으로

자네는 역시 달라.
정말 듣던 대로야. 잘 했네.
자네는 없어서는 안 될 사람이야.
언제 이런 자료를 다 만들었어?
역시 자네는 기획 전문가야.
그거 참 좋은 생각이야.

- 구현정, 〈소통 불통 먹통〉, p.291

❑ 참고 문헌 및 참고자료

구현정(2009). 대화의 기법, 도서출판 경진.

구현정(2011). 소통 불통 먹통, 도서출판 경진.

구현정 · 전정미(2007). 화법의 이론과 실제, 박이정.

이정은(2004). 우리 아이 나쁜 버릇 바로잡기, 김영사.

서천석(2011). 하루 10분 내 아이를 생각하다, 비비북스.

마샬 로젠버그 저, 캐서린 한 역(2012). 비폭력 대화, 한국 NVC센터.

송경금 역(2012). 5가지 칭찬의 언어, 생명의 말씀사.

Blanchard, Ken (2002). Whale Done! The Power of Positive Relationships, New York: Free Press 조천제 역(2002), 칭찬은 고래도 춤추게 한다, 21세기북스.

Gross, Stefan F. (1997). Beziehungs intelligenz, German: Moderne Industrie: 박정미 (2000), 인간관계지능, 청년정신.

Hayakawa, S. (1978). Language in thought and action, Fourth edition, New York: Harcourt Brace Jovanovich.

Leech, Geoffrey (1983). Principles of pragmatics, London: Longman.

Masaru, Emoto (2001). The Hidden Messages in Water, Tokyo: Sunmark Publishing, Inc.: 양억관 역(2003), 물은 답을 알고 있다, 나무심는사람.

Norvilles, Deborah (2007). Thank You Power: Making the Science of Gratitude Work for You, Thomas Nelson Inc.: 김용남 역(2008), 감사의 힘 - 0.3초의 기적, 위즈덤하우스.

영화 〈선생 김봉두〉

영화 〈이보다 더 좋을 수는 없다(원제:As Good As It Gets)〉

MBC 2009년 한글날 기념 실험 다큐 〈말의 힘〉

채널 A, 〈이영돈 PD의 먹거리 X 파일〉 34회.

국민일보, 2014.7.2.

조선일보, 2014.10.29.

http://news.kbs.co.kr/sports/soccer/2012/10/12/2550357.html

http://www.etnews.com/20140410000212

http://www.edaily.co.kr/news/NewsRead.edy?SCD=JG61&newsid=01525206606250624&DCD=A00706&OutLnkChk=Y

제9장

한국인의 삶이 보이는 한국어

1. 일상에서 느끼는 한국어에 대한 궁금증
2. 한국어의 언어적 특성
3. 한국어 특성에 알맞게 고쳐보기

제9장 한국인의 삶이 보이는 한국어

인간의 모든 사유와 행위는 언어사용을 수반한다. 개인이든 민족이든 사람과 언어는 분리해서 생각할 수 없다. 사람은 언어를 통해서 사고하고 생각한 것을 언어로 표현하며, 언어를 통해 남과 세상을 이해하고 언어로 이를 기록하며 지식을 쌓아간다. 또한 언어를 통해 생각과 느낌을 다른 사람과 소통하며 살아간다. 인간 의사소통은 단순히 말과 글뿐만 아니라 다양한 동작과 제스처 등의 비언어와 함께 이루어지며, 말을 할 때는 말의 크기, 빠르기, 세기, 어조 등 다양한 준언어 표현과 함께 통합적으로 이루어진다.

인간 언어는 동물의 신호체계와는 다르게 이중 분절 구조를 가지고 있다는 점이 큰 장점이다. 먼저 의미를 가지고 있는 낱말이나 형태소 단위로 한번 나눠지고, 다시 소리 차원의 음운(음소와 운소) 단위로 나누어진다는 점에서 동물의 신호체계보다 경제적이고 효율적이다.

한국어가 가지고 있는 언어적 특성을 음운, 낱말(형태), 문장, 화용 차원에서 살펴보고, 실제 국어사용에서 드러나는 여러 차원의 문제점과 해결 방안에 대해서 토의해 보기로 한다.

1. 일상에서 느끼는 한국어에 대한 궁금증

상황 1

규민이가 다니는 유치원에 가면 아이들이 필자에게 인사를 한다. "떤탠니, 안냐세요?" 물론 '선생님 안녕하세요?'란 말이다. 아이들은 왜 '선생님'을 '떤탠니'라 발음할까? 영어를 배우는 아이들은 왜 school을 [kul]이라 발음할까? 도대체 아이들은 어떻게 그렇게 짧은 시간에 어른 뺨치는 언어를 구사하고, 전혀 들어보지 못한 문장을 만들어낼까? 말을 잘 따라하는 아이는 천재일까, 아니면 앵무새에 불과할까?

아이들은 언제나 기상천외한 말로 어른들을 놀라게 한다. 생전 듣지도 못한 말을 만들어내어 주위 사람들을 흥분시키기도 하고, 반대로 남들이 다 배우는 말을 하지 못해 주변 사람들을 안타깝게 만들기도 한다.

-장영준(1999), 〈언어의 비밀〉 59쪽.

질문: 어린 아이들이 말을 배울 때 한국어에서 특별히 발음하기 어려워하는 것들은 어떤 발음인지 주변의 아이들의 말 배우는 과정을 떠올려 보고 토의해 보자.

상황 2

무역회사에 근무하는 김 과장은 최근 평소 친분이 있는 고등학교 국어 선생님을 만났다. 그 자리에서 '커피'를 주문할 때 '커휘'에 가깝게 발음했다고 해서 핀잔을 들었다. 그 선생님은 '커피'는 영어에서 왔지만 우리말 외래어 낱말이 되었으므로 반드시 우리말 음운 체계에 맞는 소리로 발음해야 한다는 것이었다. 그런 식으로 발음하는 것은 영어의 원음을 중시하는 것으로 생각할 수도 있지만, 국어의 음소 체계를 혼란스럽게 하는 잘못을 범하는 것이라고 주장을 하셨다.

그 말을 듣고 원음에 가깝게 발음하는 것이 뭐가 잘못인가 하는 생각이 들고, 중세 국어에서 사용하던 순경음 표시와 같은 간단한 기호를 사용하면 세계의 여러 나라 말을 원음에 훨씬 가깝게 발음할 수 있는데 왜 그런 방법을 사용하지 않는지 궁금해서 국어 전문가에게 질문하기로 마음을 먹었다.

질문: 김 과장처럼 국어 음소 체계에 없는 소리로 외래어를 발음하는 것이 왜 문제가 되는지 토의해 보고, 국어 특성에 따르면 외국어에서 서로 다른 소리라고 하더라도 외래어가 되면, 소리 구분이 필요 없는 이유를 말해 보자.

2. 한국어의 언어적 특성

1) 한국어 음운과 음절 체계 특성

인간이 의미를 전달하는 데 사용하는 소리는 거의 무한에 가까울 정도로 다양하지만 실제 단어의 뜻을 구분하는 데 사용하는 소리(음소)의 숫자는 그리 많지 않다. 대부분의 언어가 그 언어에 필요한 일정한 수의 소리를 체계적으로 사용해서 단어의 뜻을 분화하는 데 사용한다. 일정한 수의 소리를 뜻을 분화하는 데 사용하는 방식과 체계가 언어마다 다르기 때문에 우리는 외국어를 들을 때 잘못 알아듣거나 혼동하는 경우가 흔히 발생한다. 한 언어의 소리(음소)체계를 살펴보면 그 언어의 특성과 그 언어를 사용하는 사람들의 특성이 드러나게 된다.

한국어는 계통적으로 보면, 학자마다 이견이 있기는 하지만 대체로 알타이

어계에 속한다고 본다. 서술어가 문장의 가장 마지막에 오고, 동사의 활용 방식이 어근이나 어간에 다양한 어미와 접미사를 첨가해서 사용하는 교착어의 성격을 지닌다는 점뿐 아니라 자음 소리 구분에서 유기음과 무기음을 단어를 구분하는 중요한 기준으로 사용하기 때문이다. 영어를 비롯한 인도 유럽 계통의 언어들이 서술어가 문장 중간에 위치하고 소리도 유성음과 무성음의 구별을 단어 구분의 중요 기준으로 사용하는 것과는 크게 다른 특성을 보이고 있다.

현대 한국어는 10개의 기본 모음과 11개의 복모음으로 된 21개의 모음체계와, 19개로 이루어진 자음체계를 사용하여 음절을 만들어 단어와 문장을 표기하는 데 사용한다. 한국어 모음은 전설/후설, 고/중/저모음, 평순/원순의 세 가지 기준에 의해 달라지는 체계를 가지고 있다. 기본 모음(단모음)이 10개라는 것은 한국어의 모음 발음 구분이 상당히 정교하고 복잡한 것을 의미한다. 한국어 복모음은 ㅑ, ㅕ, ㅛ, ㅠ, ㅘ, ㅙ, (ㅚ), ㅝ, ㅞ, (ㅟ), ㅖ, ㅒ, ㅢ로 되어 있고, /ㅚ/와 /ㅟ/는 단모음으로도, 복모음으로도 발음하는 것이 허용된다. 실제 한국어 발음에

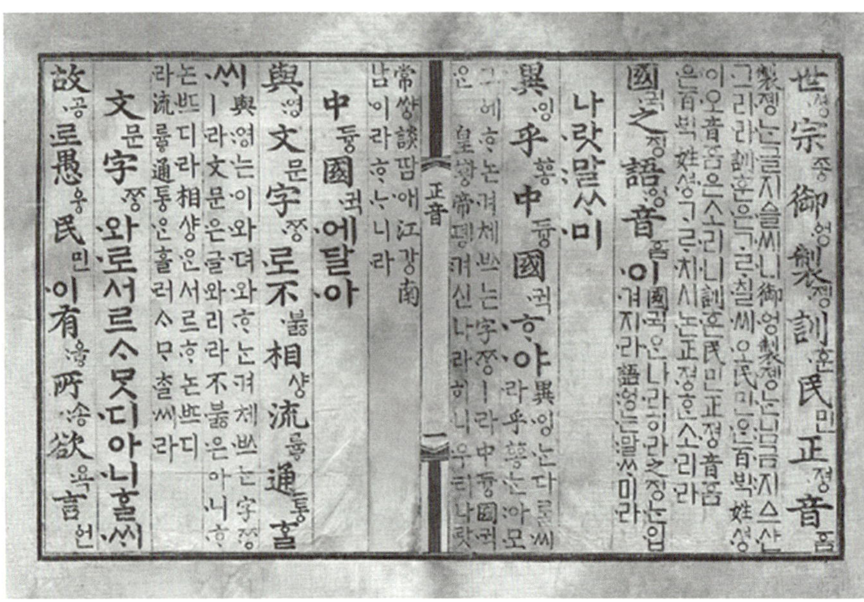
世솅宗종御엉製졩訓훈民민正졍音흠
國귁之징語엉音흠이
異잉乎홍中듕國귁ᄒᆞ야
나랏말ᄊᆞ미
中듕國귁에 달아
與영文문字ᄍᆞᆼ로 不붏相샹流륳通통ᄒᆞᆯᄊᆡ
文문字ᄍᆞᆼ와로 서르 ᄉᆞᄆᆞᆺ디 아니ᄒᆞᆯᄊᆡ
故공로 愚웅民민이 有윻所송欲욕言언

[그림 9-1] 훈민정음 언해본 첫장

서 외국인들은 '신촌'과 '신천'을 구분하지 못하고 '그, 구, 거' 등의 발음을 정확하게 발음하기 어려워하는 이유도 한국어의 기본 모음 체계가 상대적으로 복잡하고 정교하기 때문이다. 여기에 복모음 11개가 추가되면 한국어 모음 발음은 더욱 발음하기가 어렵고 복잡해진다. 이런 이유로 외국인들과 한국어로 대화를 하면 외국인들이 이들 발음을 정확하게 변별하기 어려워하거나 자주 혼동을 하게 되는 것이다.

현대 한국어 자음은 'ㄱ'부터 'ㅎ'까지 14개에 'ㄲ, ㄸ, ㅃ, ㅆ, ㅉ'의 5개의 경음이 합해져서 19개의 체계로 되어 있다.

이 외에도 받침에 사용하는 겹자음까지 포함하면 현대 한국어 자음체계는 이보다 복잡하고 실제 단어와 단어를 연결해서 발음할 때 상당히 복잡한 양상을 띠게 된다. 실제 한국어를 발음할 때 표기와 다르게 발음이 되는 경우가 많아 외국인뿐만 아니라 한국어를 모국어로 사용하는 사람들조차 발음하기 어려워하거나 표준발음이 아닌 발음을 사용하는 경우가 종종 있다. 항상 표준발음법에 맞추어 발음하면서 의사소통하기가 여간 어려운 것이 아니다. 실제 국어사용에서 다양한 발음이 사용되기도 하지만 사투리로 발음하거나 표준발음이 아닌 방식으로 발음하게 되면 그 사람의 이미지에 보탬이 되지 않는 경우가 종종 있다. 맞춤법의 경우도 '소리 나는 대로 적되 어법에 맞게 적는다.'는 원칙을 제시하고 있지만 표준발음대로 소리 내고 그것을 어법에 맞게 적기란 여간 어렵지 않다. 실제 의사소통 과정에서 다른 사람이 발음이 이상하거나 표기하면서 맞춤법이 틀리게 되면 교양인으로서 커다란 결격 사유로 인식되기도 한다.

한국어 발음에서 또 하나의 중요한 특성은 '폐음절 선호'의 발음 특성을 갖는다는 점이다. 자음으로 끝나는 음절의 경우에 음절을 개방형으로 끝낼 수 있고, 완전히 막아서 소리가 밖으로 나가지 않게 막는 폐쇄형으로 끝낼 수 있다. 어떤 언어는 이 두 방식을 임의로 선택하게 허용하는 경우도 있다. 예를 들어, 'book'의 한국어 표준 발음은 [북]이다. 이것을 일본사람은 [부쿠]라고 발음한다. 영어의 경우에는 [북]과 [부ㅋ] 두 가지 선택적으로 발음할 수 있다. 한국어의 폐음절 선호 발음 방식은 한국어의 음성적 인상을 다소 딱딱하고 거칠게 만드는 요인이 되고,

음과 음을 연결할 때 많은 발음의 변화를 일으키는 요인이 된다. 학교교육에서 배웠던 자음접변, 음운첨가, 음운동화, 절음법칙 등 여러 음운 현상들이 이 폐음절 선호 현상과 관련되어 있다.

또한 한국어는 발음에서 자음이 연이어 3음소 이상 발음되지 않게 하는 특성이 있다. 겹받침 뒤에 자음이 이어져 3자음이 연이어 발음해야 할 경우에는 자음 하나를 생략하거나 /으/와 같은 조음소를 넣어서라도 3자음이 연이어 발음되지 않도록 조정을 한다. 이런 원칙은 어린이가 말을 배울 때나 외국인이 한국어를 배울 때 표준 한국어 발음대로 하지 못하고 '내 발 발브지 마.'처럼 이상하게 발음하게 하는 요인이 되기도 한다.

2) 한국어 형태소 및 어휘 체계

세계 여러 언어들을 형태적 특성에 따라 나누면 먼저 동사의 활용 방식에 따라 나눌 수 있다. 중국어처럼 동사의 기본형이 어느 경우에도 그 형태를 바꾸지 않고 의미 요소가 첨가되면 다른 단어가 필요한 고립어가 있고, 영어의 일부 동사처럼 현재형과 과거형, 분사형 등이 전혀 다른 어형으로 나타나는 굴절어가 있고, 한국어처럼 동사의 어간은 변하지 않고 다양한 어미와 접미사를 결합하여 문법적 의미와 기능을 첨가하는 교착어가 있다. 한국어는 서술에 사용되는 동사와 형용사의 활용 방식으로 보면 전형적인 교착어이다. 예를 들어, '깨다'의 경우 어간 '깨-'는 변하지 않고, '깨-뜨리-시-었-겠-습-더-이-다'처럼 다양한 접미사와 어미가 어근이나 어간 뒤에 이어져 단어의 형태를 변하게 한다. 중국어나 인구어 사용자들은 한국어의 이런 동사 활용 방식이 매우 어색하고 어렵다고 느낀다. 한국어를 잘한다는 것은 이런 다양한 접미사와 어미, 그리고 명사 뒤의 조사의 사용을 잘한다는 것을 의미한다고 해도 과언이 아니다.

또 다른 한국어의 형태 어휘적 특성은 기본 단어를 만들고, 관련 단어들을 확대해 나가는 방식에서 드러난다. 각 언어의 말소리와 의미의 결합은 자의적이어서 같은 의미의 단어가 언어마다 다른 소리로 발음되는 것은 당연하다. 그런데 기본 개념어를 상위 개념어를 먼저 설정하느냐, 하위 개념의 특정 의미를 가진 단어를 기본으로 삼아, 점점 상위 개념의 단어들을 확대하느냐는 언어마다 다르다. 다시 말해 단어를 만들 때 하위 개념의 단어를 먼저 만들고 상위 개념의 단어를 만들어가는 귀납적 어휘 형성 체계를 사용하는가, 역으로 상위 개념의 어휘를 먼저 만들고 그에 따라 하위 개념의 단어를 만들어가는 연역적 어휘 형성 체계를 사용하는가는 언어마다 달라질 수 있다. 한국어는 대체적으로 상위 개념의 의미를 기본 형태소로 정한 후 그 다음에 하위 개념으로 어휘를 넓혀가는 방식을 취한다. 예를 들어, '새'라는 기본 개념어를 만든 후에 '참새, 뱁새, 황새, 저어새, 도요새' 등으로 어휘를 넓히고, '도요새'도 '검은 머리 도요새, 넙적부리 도요새' 등으로 그 하위 개념어를 만들어가는 방식을 취한다. 이는 영어의 경우, 'man'이라는 단어를 먼저 만든 후에 'woman'이라는 단어를 만들고, 이 두 단어를 포괄하는 상위개념어로 'human'을 만들어가는 방식과는 완전히 다른 방식이다. 물론 모든 단어들이 이 원칙을 지켜 만들어지는 것이 아니지만 형태나 기본 개념 형성 과정을 보면 영어와 같은 인구어가 귀납적 상향적 어휘 형성 과정으로 단어를 넓혀가는 것이 일반적이라면 한국어는 연역적 하향적 어휘 형성 과정으로 어휘를 확대해 가는 것이 보통이다.

또 한 가지 한국어 어휘적 특성은 씨족사회, 농경사회를 중심으로 수천 년 동안 살아왔기 때문에 가족과 농사와 관련한 어휘가 정교하게 발달되어 있다는 것이다. 친족을 가리키는 어휘가 한국어처럼 다양하고 복잡하게 분화된 언어가 많지 않다. 형과 오빠, 언니와 누나가 구분되고, 당고조모까지도 따로 지칭하는 어휘가 있는 것처럼 오랫동안 정착 사회에서 씨족을 중심으로 마을을 이루어 살다 보니 친인척과 관련한 어휘가 다양하게 발달했다고 본다. 또 농경사회를 이루어 정착 생활을 하면서 다양한 농사 관련 어휘들이 발달하고, 이들 농사 어휘들은 다양하게 비유나 속담 등에 나타나 우리 말문화의 기초로 작용하게 되었다. 유럽에서 와서 한국어를 배우는 학생이 영어 'rice'에 해당하는 단어가 마흔 개가 넘는다고 하면서 그 많은 쌀 관련 단어들을 어떻게 다 기억하고 구분하느냐고 불만스럽게 말하는 것을 들은 적이 있다. 예를 들어, '좋은 집을 구하려면 발품을 팔아야 한다.'와 같은 문장을 이해하려면 일을 하는 데 드는 힘이나 수고, 노동력을 뜻하는 '품'이라는 농사 관련 어휘를 먼저 알고, 확대된 '발품'의 의미를 알고, '발품을 팔다'를 알아야 한다. '발품'이 어떤 물건인가 생각하는 것은 농사 어휘의 확대 사용을 이해하지 못하는 데서 생긴 오해이다.

또 한국어 어휘 체계와 사용을 이해하기 위해서 기본 어휘는 고유어를 중심으로 표현되지만 전문어는 한자어를 비롯한 외국어에서 유래한 어휘들이 많이 사용되는 것을 염두에 두어야 한다. 시간을 말할 때 외국인들은 '한 시 오 분'처럼 시간 앞에는 '한, 두, 세' 등 고유어를 사용하고, 분과 초 앞에서는 한자 숫자인 '일, 이, 삼' 등을 사용하는지 이해하지 못한다. 물론 다른 외국어의 경우도 숫자 일부터 십까지는 고유어를 사용하고, 단위가 크게 되거나 정교한 단위를 나타내는 숫자에서는 외국어를 차용하는 경우가 있다고 한다. 한국어는 일부터 십까지는 고유어인 '하나, 둘, 셋, 넷, 다섯, …, 열'을 사용하는 것을 선호하고, 백 이상의 숫자를 말할 경우에는 '125호'처럼 한자어를 사용하는 것을 선호한다. 물론 앞뒤 분류사가 무엇인가에 따라, 또 전문 영역에 따라 선호가 달라지기는 하지만 대체로 열 이하는 고유어인 하나, 둘 등을 사용하는 것이 일반적이다.

한국어의 또 다른 어휘적 특징은 상반 개념을 하나로 통합하여 의미를 나타내는 어휘가 많다는 점이다. 미닫이, 여닫이, 나들이, 높낮이, 안팎, 오르내리다, 쥐락펴락하다 등과 같이 의미적으로 전혀 반대되는 의미의 형태소들을 결합하여 하나의 단어로 사용하는 경우가 많다. 이렇게 두 대립되는 의미소가 결합하는 경우, 앞의 것이 한국인의 가치 체계에서 우선하거나 중요하다고 생각되는 것들이다. 남녀, 밤낮, 앞뒤, 안팎, 위아래, 높낮이, 붉으락푸르락, 오네가네, 오르락내리락, 눈코, 이래라저래라, 명암, 장단, 후박(厚薄), 생사, 죽살이 등 두 개념이 상반되는 복합 의미를 아우르는 단어의 경우 선호하거나 중요하다고 생각하는 것을 앞에 두고 그렇지 않은 것을 뒤에 결합하는 방식을 취한다. 또한 두 대립되는 개념의 정 중간에 해당하는 낱말을 설정하는 경우도 많다. 예를 들어, '미지근하다'는 '차다/뜨겁다, 따뜻하다/시원하다'의 중간 온도를 나타낸다. 그런데 이를 영어로 표현하는 정확히 일치하는 단어가 없다. 중용(中庸)이라는 동양적 개념이 서구에서 정확하게 번역하기가 어려운 것도 이와 같은 이치 때문이다. 또한 한국어 어휘 가운데 정확하지 않은 포괄적이거나 상황에 따라 다르게 해석이 가능한 의미를 담고 있는 단어들이 있다. '어중간하다', '대충', '거시기하다' 등의 표현은 정확성을 강조하는 언어권 사람들은 왜 그런 표현을 한국인들이 좋아하고 많이 사용하는지 이해하기 힘들어 한다. 숫자를 말할 때도 '두서너 개 주세요.' 식으로 말하는 사람이 많다. 색깔을 말할 때도 '불그스레하다, 누르스레하다, 푸르스레하다' 식의 표현은 한국어의 독특한 어휘들이다. 정확하기보다는 에둘러 표현하는 방식을 선호하고, 적확하기보다는 여유를 두기 좋아하는 한국인의 사고방식이 반영된 것으로 본다.

3) 한국어 문장(통사) 체계

한국어 문장 구성 방식으로 가장 두드러진 특징은 서술어가 문장의 가장 마지막에 온다는 점이다. 서술어가 문장의 마지막에 온다는 것은 마지막까지 듣기 전까지는 문장의 진위를 파악할 수 없다는 것을 의미한다. 또한 문장의 서술어 어간 뒤에 오는 다양한 어미와 본동사 다음의 보조동사 등의 결합 여부에 따라서 말하는 사람, 글 쓰는 사람의 진술 태도가 달라질 수 있어 마지막까지 문장의 내용에 대해서 화자나 저자가 어떤 방식으로 말할 것인지 판단하기 불가능하다. 이런 문장 통사 구조는 마지막을 중시하는 한국인의 말 문화와 무관하지 않아 보인다. 다른 말로 하면 마지막까지 변화의 가능성을 늘 염두에 두지 않으면 안 되는 소통 방식을 가지고 있다고 볼 수 있다.

또 다른 한국어 표현의 통사적 특성은, 특히 구어 표현에서 명사구보다는 동사구 표현을 선호하는 경향이 강하다는 점이다. 문장이 기본적으로 'NP(명사구)+VP(동사구)' 구조를 가지는데, 한국어는 앞의 NP보다는 뒤의 VP 중심의 소통체계를 가지고 있다. 영어의 'Good morning!' 인사는 한국어로 '좋은 아침!' 이라고 번역해서는 어색하다. 아이들을 칭찬할 때도 'Good boy/girl.' 이라고 칭찬하는 것이 아니라 '참 착하지!' 와 같이 '부사어+서술어' 의 동사구 표현을 선호한다. 'No smoking'도 한자 표현으로는 '금연'이지만 순 우리식 표현으로는 '담배 피우지 마시오.'라고 하는 것이 자연스럽다. 최경주 선수가 벙커샷을 매우 잘해서 한 번에 홀에 넣었을 때, 함께 한 미국 선수가 'Fabulous shot!'이라고 감탄한 표현도 한국어로는 '멋진 침(샷)!'이라고 번역하지 않고 '기가 막히게 잘 치네!'라고 하는 것이 자연스럽다. 영어의 'No way!' 같은 표현도 '안 돼!'라고 해야 한국어다운 표현이 된다.

최근에 영어 통사 구조의 영향을 받아 '-어/아 지다', '-게 되다'와 같은 피동 표현이 많아지는 경향이 있는데 한국어 통사 구조에서는 통사적 구성의 피동사동 표현은 그다지 선호하지 않는 표현 구조이다. 한국어는 대체로 '먹어지다, 접어지다' 식의 표현보다는 '먹히다, 접히다'의 어휘적 표현을 더 선호한다. 최근에 사람들이 '-라고 생각되다'라는 표현을 하는 사람이 많아졌는데, '-라고 생각하다'는 표현이 더 기본이고 자연스런 한국어 표현이다. 흔히 피동 표현을 사용해서 맞춤법에 틀리는 표현은 '쓰여지다'와 '보여지다'이다. 가능하면 피동 표현을 사용하지 않도록 하고, 꼭 써야 할 경우에도 '써지다. 쓰게 되다'와 '봐지다, 보게 되다'로 표현하는 것이 옳다.

4) 한국어 화용 체계

한국인들은 전통적으로 말을 많이 하는 것을 별로 좋게 생각하지 않았다. '염화시중의 미소'처럼 말하지 않고 서로 통하는 것을 최고의 소통으로 여겼다. '남아일언중천금'처럼 특히 남자의 경우 말을 많이 하면 오히려 신뢰할 수 없는 사람처럼 여겼다. 씨족을 중심으로 정착해서 살고, 서로가 서로를 잘 이해하고 있을 때는 많은 말을 할 필요가 없었지만, 현대 한국사회는 변화와 이동이 많고 서로 잘 모르는 사람들이 같은 공간에서 생활하는 시간이 더 많아졌다. 그래서 말하지 않고 서로 알아주기를 기대하는 것은 어렵게 되었다. 말하지 않으면 상대가 무엇을 생각하는지, 말하고 싶은지, 어떤 의도를 가지고 있는지 알 수가 없다. 말을 통하여 일을 하고, 관계를 설정하고 발전시키기 위해서는 예의를 지키고, 나와 상대 모두에게 도움이 되는 언어 사용 방법을 구성원 모두 배우고 실천해야 할 때가 되었다. 실제 의사소통 상황에서 한국 사람들이 말을 하는 방식과 태도에 몇 가지 특성이 있다.

외국인들이 한국어를 배울 때 한국어 사용자들이 사용하는 말소리의 인상을 물어보면 대체로 두어 가지 특징을 이야기한다. 그 가운데 첫째가 억양이 거의 없는 평평 어조를 사용한다는 점이다. 한국어는 인구어와 달리 문장 전체의 억양의 오르내림 진폭을 크게 하기보다는 밋밋한 평평 어조를 기본으로 사용하는 언어이다. 영어권에 오래 살다 온 사람들이 어느 정도 한국어를 배운 뒤에도 말하는 것이 어색하게 느껴지는 것은 평평 어조를 자연스럽게 구사하지 못하고 오히려 억양을 두드러지게 사용하기 때문인 경우가 많다.

한국어는 억양을 두드러지게 하지 않는 대신 각 음절을 또박또박 끊어서 같은 길이로 발음하는 특징을 가지고 있다. 첫음절에서 장단음 구분을 하기는 하지만 대체로 모든 음절의 길이를 비슷하게 하고, 억양이 없는 대신 다소 음악의 스타카토처럼 각 음절을 분명하게 끊어서 발음하는 것을 선호한다. 첫 음이 모음으로 되어 있는 조사나 어미의 경우 앞 음절의 받침소리를 연결해서 발음하지만 그 밖의 경우에는 각 음절을 확실하게 끊어서 발음하는 것이 자연스러운 한국말 발음이 된다. 영어의 경우 여러 자음이 연이어 발음이 되는 것을 허용하지만 한국어는 세 개의 자음이 연이어 발음되는 것을 허용하지 않는다. 세 자음이 발음되어야 할 경우에는 한 자음을 생략하든지, /으/소리를 넣어서 다른 음절로 발음한다. 예를 들어, 영어의 'strike'는 음절핵인 /i/발음을 중심으로 한 음절로 발음이 되지만 한국어는 '스트라이크'로 다섯 음절처럼 발음하게 된다.

다음으로 한국어 발음상의 특징은 첫 음절 강세를 두고 그 다음 음절로 갈수록 비슷한 세기로 가다가 자연스럽게 내려가는 방식으로 발음이 된다. 물론 순수 질문의 경우 의문사가 없으면 문장의 마지막을 끌어올리지만, 그 외 경우 문장의 마지막도 자연스럽게 내려오면서 마치는 것이 일반적이다. 가끔 강조하기 위해서 어절마다 뒤를 끌어올리는 사람이 있는데 이는 어색하고 한국어의 기본 강세와는 다른 화법이 된다.

한국어 화용에서 특별한 또 한 가지 특징은 강조할 때 단어의 첫 음절을 길게 쥐어짜면서 말한다는 점이다. 영어의 경우는 대부분 반복하면 강조가 되는데, 한국어는 반복하면 오히려 어색하거나 우스운 표현이 되고, 첫 음절을 강하게 쥐어짜면서 길게 늘이는 것이 자연스러운 강조법이 된다. 최근에 조기 영어 교육의 영향인지 반복하면서 '너무 너무 맛있다.'처럼 말하는 사람이 있는데 이는 잘못된 표현이다. '저~ㅇ 말 맛있다.'라고 하는 것이 한국어다운 강조 표현이 된다.

또 다른 한국어 화용상의 특징은 일상 표현에서 다양한 간접화법과 비유 표현을 선호한다는 점이다. 아마도 상하관계를 중시하고 대가족 중심의 가부장제도 아래서 오랫동안 살아온 연유인지 모르나 직접 명확한 표현을 하기보다 에둘러 표현하고, 비유적으로 표현하는 것을 좋아하게 된 것으로 본다. 정확성보다 예의를 중시하고, 자기 의견보다 상대방을 배려하고, 직접 자기 요구를 말하기보다 상대방이 알아서 해주기를 바라는 삶의 방식이 이런 말 표현을 더 발달하게 했는지 모른다. 저녁상을 먼저 차려주기를 바라는 시어머니가 '얘야, 아범 아직 안 왔니?'라고 말하는 것은 웬만한 눈치가 없고서는 이해하기 어려운 표현 방식이다.

통사적으로 서술어가 문장 마지막에 오고, 그 앞에 여러 명사항들이 오는 이유로 화자와 청자가 서로 이해할 경우 그 내용을 생략하는 경우가 많다. 의사소통 상황에서 화자와 청자가 공동으로 인식하는 경우에는 서술어 앞의 명사들을 생략하고 '일어났니?', '가져왔니?'식의 서술어 표현만으로 의사소통을 하는 경우가 많다.

또 한 가지 다른 특징은 영어의 경우 동일 명사가 반복되는 경우 대명사, 대동사 등 대용형을 사용하고, 사람을 가리킬 경우에도 이름이 한 번 나오면 그 다음에는 대부분 대명사를 사용하는데, 한국어는 이름이 한 번 나온 뒤에도 계속 이름을 반복해서 사용하거나 아예 생략하는 경향이 강하다. 영어의 'you'와 'he/she'는 한국어로 바꿔서 말할 때 자연스럽게 번역해서 말하기가 아주 어려운 이유가 한국어가 대용형을 그다지 선호하지 않기 때문이다.

한국어는, 전문 학자들의 연구에 따르면, 주어 중심의 언어가 아니고, 주제 중심의 언어다. 따라서 한국어의 대부분의 문장은 주어와 서술어 구조보다는 주제와 설명, 구정보와 신정보의 구조로 표현된다. '토끼는 앞발이 짧다.'라는 문장에서 주어가 무엇이냐고 물으면 대부분의 한국 사람이 헷갈린다. '자갈치 시장은 생선이 싸다.', '생선은 자갈치 시장이 싸다.'처럼 화자와 청자가 주제로 삼는 것이 무엇인가에 따라서 문장의 맨 앞에 오는 것이 달라진다. '오늘은 날씨가 좋다.', '나는 짜장면이 좋다.'처럼 한국어 말과 문장은 가장 앞머리에 주제를 내세우는 경우가 많고 그것이 자연스러운 경우가 많다.

3. 한국어 특성에 알맞게 고쳐보기

최근 영어가 학교 뿐 아니라 취업, 업무처리 등 일상에서도 많이 사용되면서 국어 표현 가운데 영어식 표현이 늘어나는 것을 여러 곳에서 확인할 수 있다. 한국 사회가 국제화되면서 어쩔 수 없이 영어를 써야 하는 경우도 있지만 가능하면 국어를 쓰고 또 국어다운 표현을 살려 쓰도록 노력하는 것이 중요하다. 국제화되면 될수록 국어를 소중히 여기고 국어다운 표현을 살려나가는 노력을 온 국민이 기울이지 않으면 오랫동안 우리 조상들이 한문과 한자에 의존하여 우리말을 제대로 발전시키지 못하고 왜곡시킨 것 못지않은 문제가 발생할 수 있기 때문이다.

1) 생각해 볼 문제

문제 1

아래 글을 참고로 하여, 다음 링컨의 연설문 일부를 가지고 각자 국어로 번역한 후에 국어답지 못한 부분을 뽑아서 국어의 특성이 잘 드러나도록 토의한 후에 바꾸어 보자.

어느 대학에서 영어 문장을 한글로 번역하는 대회를 치렀는데, 가장 한국어 특성에 잘 어울리게 번역하는 사람에게 상을 주기로 했다. 그 때 나온 문장 가운데 한 문장이 "My mother was a careful shopper."라는 영어 문장이었다. 많은 학생들이 '나의 어머니는 주의 깊은 구매자였다.'라고 번역했는데, 가장 한국어다운 번역으로 뽑힌 학생의 문장은 '우리 엄마는 알뜰살뜰 장을 보셨다.'라고 되어 있었다. 앞의 문장과 비교하면 참으로 큰 차이를 느낄 수 있다.

Four score and seven years ago, our fathers brought forth upon this continent a new nation, conceived in liberty and dedicated to the proposition that all men are created equal.

Now we are engaged in a great civil war, testing whether that nation or any nation so conceived and so dedicated can long endure. We are met on a great battlefield of that war.

We have come to dedicate a portion of that field as a final resting place for those who here gave their lives that this nation might live. It is altogether fitting and proper that we should do this.

But, in a larger sense, we cannot dedicate, we cannot consecrate, we cannot hallow this ground. The brave men, living and dead, who struggled here have consecrated it, far above our poor power to add or detract.

-Lincoln's Gettysburg Address(November 19, 1863)-

문제 2

아래 글을 참고로, 다양한 대화 상황에서 영어의 'you'를 국어 화용상의 맥락에 알맞게 고쳐 부를 수 있는 방법을 토의해 보자.

영어에서는 부모, 자식, 친구를 가릴 것 없이 모조리 'you'이지만 우리말로 옮길 때는 그에 대한 호칭이 얼마나 다양하게 여러 가지인가. 'you'에 해당하는 우리말 호칭은 너, 너희들, 당신, 당신들, 그대, 그대들, 여러분, 제군들, 자네, 자네들, 아버지, 어머니, 오빠, 누나, 얘, 여보게 등 수없이 많지만 대화체에서 어떤 일반적인 호칭도 맞아떨어지지 않는 경우가 생긴다. 그런 경우에는 'you'라는 호칭의 대상자를 '그대'나 '당신'이라고 하는 대신 그(녀)의 '이름'으로 부르면 무난하게 넘어가는 경우가 많다. (중략) 'you'라는 명칭의 번역이 가장 까다로운 것은 뭐니 뭐니 해도 남편이나 아내를 지칭할 때의 'you'라고 생각된다.

-안정효(1996),《번역의 테크닉》, 117쪽.

❑ 참고 문헌

고종석(1999). 국어의 풍경들. 문학과지성사.
국립국어원(2007). 한국어문규정집. 국립국어원.
김방한(1986). 한국어의 계통. 민음사.
김진우(2006). 언어의 기원. 한국문화사.
리의도(1997). 말을 잘하고 글을 잘 쓰려면 알아야 할 것들. 석필.
안정효(1996). 번역의 테크닉. 현암사.
장영준(1999). 언어의 비밀. 한국문화사.
조선일보사. 국립국어원 편(1991), 우리말의 예절. 조선일보사.
허발 옮김, L. 바이스게르버 지음(1993). 모국어와 정신형성. 문예출판사.

찾아보기

◐ 저자 소개

권순희: 3장 「살맛 나는 직장 대화」, 6장 「비밀을 담은 비언어적 의사소통」 집필
이화여자대학교 국어교육과 교수
서울대학교 국어교육과 박사
「대학생 자녀와 부모의 의사소통 증진 방안 연구」(공저, 2014), 『(북한이탈주민의 대한민국 정착을 위한) 생활 말하기』(공저, 2013), 『청자 지향적 관점의 표현 교육』(2005)

김윤정: 3장 「살맛 나는 직장 대화」, 5장 「감동을 주는 프레젠테이션」 집필
이화여자대학교 국어교육과 박사
「공감 기반 설득 화법 교육 연구」(2018)
「공감적 소통을 위한 화법 교육: 대화함축 교육을 중심으로」(공저, 2015)
「설득커뮤니케이션 전략을 활용한 자기소개서 쓰기 교수・학습 모형의 개발과 적용」(2014)

이창덕: 1장 「한국 사회의 말 문화」, 7장 「관계를 살리는 언어 예절」, 9장 「한국인의 삶이 보이는 한국어」 집필
경인교육대학교 국어교육과 교수
연세대학교 국어국문학과 박사
「교사 양성대학 학생의 교수화법 능력 향상을 위한 해결 과제」(2014), 『공공화법』(공저, 2012), 『화법교육론』(공저, 2010)

전정미: 2장 「마음을 나누는 가족 대화」, 8장 「삶에 힘을 주는 말 한마디」 집필
상명대학교 한국어문학과 교수
상명대학교 국어국문학과 박사
「인쇄 공익광고의 표제와 슬로건에 나타난 화행 실현 양상」(2014), 『화법의 이론과 실제』(공저, 2007), 『인간과 언어』(공저, 2005)

최영인: 4장 「회의 수행을 위한 화법」, 7장 「관계를 살리는 언어 예절」 집필
한국교육과정평가원 부연구위원
서울대학교 국어교육과 박사
「'공신력을 고려한 동료 평가 사례'에 대한 국어교사들의 인식과 국어교육적 함의」(2017), 「설득 화법 집중 교육을 통한 학습자의 인식과 태도 변화 연구」(2014), 「화법 교육 평가의 방법 탐색: 내러티브 평가 방법을 중심으로」(2014)

말이 바뀌면 삶이 바뀐다

2015년 6월 30일 1판 1쇄 발행
2018년 8월 30일 1판 2쇄 발행

저　자 • 권순희 · 김윤정 · 이창덕 · 전정미 · 최영인
발행자 • 한정주
발행처 • 교육과학사

경기도 파주시 광인사길 71
전화 • 031) 955-6956~8 / 팩스 031) 955-6037
Home-page • http://www.kyoyookbook.co.kr
E-mail • kyoyook@chol.com
등록 • 1970년 5월 18일 제2-73호

정가 12,000원
ISBN 978-89-254-0962-7